PETER FELTEN

DISCURSOS

ENTRE LA SANGRE DEL 30 DE MAYO Y LA DEL 24 DE ABRIL

TOMO VIII

JOAQUÍN BALAGUER

ENTRE LA SANGRE DEL 30 DE MAYO Y LA DEL 24 DE ABRIL

SANTO DOMINGO
REPÚBLICA DOMINICANA
1983

ISBN 84-499-9301-6
Depósito Legal: B. 29.424 - 1983

Compuesto, impreso y encuadernado en
Industrias Gráficas Manuel Pareja
Montaña, 16 - Barcelona (26) – España

Impreso en España
Printed in Spain

DOCTOR JOAQUÍN BALAGUER

INTRODUCCIÓN

El presente volumen tiene un valor principalmente histórico. En sus páginas se recogen los pronunciamientos hechos por el autor durante el período que siguió a la muerte violenta de Trujillo, suceso ocurrido el 30 de mayo de 1961. La muerte del hombre que sometió el país a una camisa de fuerza durante más de 30 años, no dio lugar en los primeros 30 días a reacciones convulsivas ni a grandes movimientos sociales. La impresión dejada en la mayoría de la población, sobre todo en las clases más humildes, por el drama del 30 de mayo, fue primeramente de estupor. Aunque la tragedia se presentía y respiraba, por decirlo así, en el ambiente, la noticia fue recibida por todo el mundo con sorpresa. Cuando el autor de este libro anunció al país, en la tarde del 31 de mayo, que Trujillo había sido muerto en la autopista que conduce de Santo Domingo a San Cristóbal el 30 de mayo por un grupo de conjurados, la población entera del país permaneció sobrecogida y silenciosa. El día en que el cadáver fue expuesto en el Palacio Nacional, abierto al público para que la ciudadanía le rindiera su último tributo, o para que los incrédulos se convencieran de algo que a muchos les parecía aún imposible, la multitud llenó los salones y los pasillos de la Casa de Gobierno, teatro en esa ocasión, de escenas patéticas y de gritos de dolor al parecer sinceros que brotaban de los labios de mujeres y niños y aun de muchos hombres que pasaron ante los restos del dictador en actitud sombría. Nadie de los que presenciaron aquellas manifestaciones, reales o fingidas, de aturdimiento y de pesar, pudo imaginarse en esos momentos que algunos días después esa misma multitud se lanzaría a las calles a destruir los bustos de quien fue amo del país y de quien provocó durante sus tres décadas de dominio absoluto los mayores actos de idolatría política y de culto a la personalidad que se recuerden en la historia de la República. Durante el acto de enterramiento, en la iglesia de San Cristóbal, hubo personajes del pueblo como el General Don José Pimentel, que se abrazaron al ataúd y lloraron como niños al decir su último adiós a aquellos restos mortales.

Transcurridas las primeras semanas, y repuesto el país de la sensación de alivio para unos y de incertidumbre para no pocos, se dio comienzo a un período de agitación política que se vio favorecido por las medidas liberales que la Presidencia de la República adoptó con el propósito de que las válvulas democráticas cerradas durante más de tres décadas se abrieran y de que nuevos aires cundieran en la vida dominicana. Un movimiento de oposición, denominado "Unión Cívica Nacional", compuesto por algunos ciudadanos prominentes como el Dr. Viriato A. Fiallo, llevó a cabo durante 7 meses una labor de crítica sistemática contra lo que entonces se denominó "los residuos de la tiranía". Aún permanecían en el país los familiares del dictador ultimado, entre ellos su hijo, el General Rafael Leonidas Trujillo Martínez, y la mayor parte de los hombres que más responsabilidad habían asumido en el mantenimiento de la dictadura que acababa de ser inesperadamente demolida. El Gobierno no obstaculizó la recrudescencia de esa obra de demolición de lo que aún permanecía en pie del régimen pasado. Tampoco tomó ninguna medida para obstruir la presión ejercida por esos movimientos sobre las pasiones populares. Las autoridades, por el contrario, las alentaron con actos como la supresión del Partido Dominicano, sostén político de la dictadura durante su largo dominio, y como el llamamiento hecho a los líderes del Partido Revolucionario Dominicano que se hallaban aún en el exilio para que se reintegraran al país y tomaran parte en las elecciones que debían tener lugar, según la Constitución de la República a la sazón vigente, el 16 de mayo de 1962. En uno de los momentos más tirantes y delicados de la situación la Unión Cívica Nacional, por órgano de sus figuras más representativas, solicitó del Gobierno la expulsión de las Fuerzas Armadas y de la Policía Nacional de un grupo de miembros de esos cuerpos, así como de los servicios de inteligencia, a quienes se suponía más íntimamente vinculados con el aparato represivo del régimen ya en liquidación.

He aquí el texto de la carta pública dirigida al Presidente de la República en relación con esa solicitud, inicio, según la Unión

Cívica Nacional, de un plan de saneamiento de las Fuerzas
Armadas:

Capital de la República Dominicana
11 de agosto de 1961

Sr. Dr. Joaquín Balaguer
Presidente de la República
Su Despacho

Honorable Señor Presidente:

Tenemos a honra dirigirnos a usted en obediencia al propósito
que nuestra agrupación se ha impuesto de no omitir esfuerzos para
que sean eliminados todos los obstáculos que impiden el pleno
establecimiento de la democracia en nuestro país.

En el espíritu de nuestro ferviente empeño nos ha complacido
el pensamiento que, según reportaje de la UPI, usted formuló a uno
de sus corresponsales cuando dijo: "No hay obstáculo para la
democratización, porque si es la voluntad del pueblo, así se hará".

La determinación y supresión de todos los factores antidemo-
cráticos existentes exige un estudio complejo y de vastos alcances,
a la par que urgente, pero en esta ocasión queremos referirnos a
un obstáculo definido y concreto que en las manos del Poder
Ejecutivo de la Nación está el suprimir rápidamente, en virtud de
las facultades que le otorga la Constitución.

Se trata de la presencia en el Ejército, la Aviación Militar, la
Marina de Guerra y la Policía Nacional de individuos cuyos
antecedentes y actuaciones producen un sentimiento de justificado
temor en la población y tiende a coartar la voluntad de muchos
ciudadanos de expresar lícitamente sus ideas en relación con los
problemas nacionales, ante la perspectiva de ser atropellados.

Al hacer esta afirmación, estamos absolutamente seguros de
que la gran mayoría del pueblo dominicano la comparte y de que
por tanto somos sus fieles intérpretes. No hay duda ninguna de que
mientras el pueblo vea a tales individuos con uniformes o con
armas o investidos de alguna autoridad no se sentirá tranquilo o
no creerá en una verdadera democratización.

Entre los que tenemos anotados por ser de conocimiento
general y preciso sus actos contrarios a los principios que
garantizan la vida, la seguridad y la libertad de los hombres, están:

General José María Alcántara (E. N.)
General Atilano López (E. N.)
General César A. Oliva (E. N.)
Coronel Cándido Torres Tejeda (P. N.)
Coronel Horacio Frías (E. N.)
Tte. Coronel Roberto Figueroa Carrión (E. N.)
Mayor Leopoldo Puentes Rodríguez (E. N.)
Mayor Juan Bautista Cambiaso (alias Molusco) (A. M. D.)
Capitán Reyes Evora (E. N.)
Capitán Américo Minervino (P. N.)
Capitán Acevedo Burgos (A. M. D.)
Teniente Clodoveo Ortiz (M. de G.)
Teniente Sergio Fernández (P. N.)
Teniente Pedro Manuel Cabrera Ariza (A. M. D.)
Teniente Ángel Rodríguez Villeta (M. de G.)
Teniente Segundo Ulloa (E. N.)

Invocando los sagrados e inviolables derechos individuales que usted está llamado a garantizar, solicitamos del Señor Presidente se sirva tomar las medidas legales tendientes a subsanar radical y definitivamente la situación que produce en el seno de la sociedad dominicana el hecho de estar investidos de autoridad los individuos mencionados y muchos otros que una exhaustiva investigación seguramente agregará ya que esta lista es puramente enunciativa.

Las medidas solicitadas contribuirán eficazmente a devolver al pueblo la confianza en los agentes de la fuerza pública, muchos de los cuales se hacen merecedores de nuestro respeto, para que vea en ellos la encarnación de la protección que debe el Estado al libre ejercicio de los derechos civiles y políticos contra cualquier atentado a los mismos.

Con la mayor consideración le saludan,

Dr. Viriato A. Fiallo
Presidente

Dr. José Fernández Caminero
Vice-Presidente

Dr. Luis Manuel Baquero
Secretario General

Lic. César A. de Castro
Tesorero

Dr. Ángel Severo Cabral

Dra. Asela Morell

Lic. Osvaldo Peña Batlle

Lic. Rafael Alburquerque Zayas-B.

Arq. Manuel Baquero Ricart

Lic. Antinoe Fiallo

Lic. Manuel Horacio Castillo
Vocales

El día 1ro. de octubre de 1961 el Presidente de la República viajó a los Estados Unidos de América para hacer público, desde la tribuna de las Naciones Unidas, el fin de la "Era de Trujillo" y el restablecimiento del sistema democrático en la República Dominicana. Cuando ese discurso se pronunció aún permanecían en el territorio nacional el General Trujillo hijo y sus familiares, y aún se hallaban, bajo el control de éstos, los efectivos de la Policía Nacional y de las Fuerzas Armadas. La reacción del General Trujillo hijo, más conocido por el nombre de Ramfis, ante esos pronunciamientos, fue de aceptación a los mismos, y el país empezó entonces a vislumbrar la posibilidad de una verdadera apertura democrática en los días venideros. Su poca afición a la política, unida a la dolorosa impresión causada en su espíritu por el trágico fin de su progenitor, así como por las deserciones de muchos de los amigos del régimen y aun de personas de la mayor intimidad de la familia destronada, influyeron para que el General Trujillo hijo abandonara el país el 17 de noviembre de 1961 para trasladarse a Europa con sus hijos y sus parientes más cercanos. Pocos días después de su partida llamó por teléfono internacional al autor de este libro para que se le enviara por avión el ataúd que contenía los restos de su padre a la ciudad de París en uno de cuyos cementerios, el de Pierre Lachaisse, fue subrepticiamente enterrado. El día 19 de noviembre de 1961, cuando aún el General Trujillo hijo se hallaba en alta mar, a bordo de la Fragata "Presidente Trujillo", se pronunció contra el Gobierno Nacional, en la ciudad de Santiago, el General Pedro Rafael Rodríguez Echavarría, quien hizo bombardear la base de San Isidro y exigió el retiro del Generalísimo Héctor Bienvenido Trujillo Molina y de toda la familia Trujillo del territorio dominicano. Antes de acceder al requerimiento del jefe militar que se había declarado en rebeldía, el Generalísimo Héctor B. Trujillo Molina exigió que se le entregara la suma de un millón de pesos en moneda norteamericana, pero hizo el depósito al propio tiempo en el Banco de Reservas de la cantidad de 12 millones de pesos en moneda nacional, después de obtener la promesa verbalmente avalada por John Calvin Hill, a la sazón encargado de los intereses diplomáticos de Estados Unidos, de que esa suma le sería devuelta en moneda norteamericana.

El día de la partida de la familia Trujillo fue, en la República Dominicana, un día de juicio. El júbilo se apoderó de todas las clases y se improvisaron festejos en las calles de todas las ciudades de la República. Las multitudes se aglomeraron ante las puertas del Palacio Nacional para aclamar a cuantos habíamos contribuido a que se restablecieran las libertades democráticas y a que cesara la larga era de opresión a que el país vivió sometido durante más de 30 años. Pero pocos días después la Unión Cívica Nacional, apoyada por los demás partidos de oposición, principalmente por los de ideología revolucionaria, tales como la línea roja del 14 de junio, volvió a la carga para requerir pura y simplemente la entrega del poder sin elecciones. Bajo esa presión popular, sostenida por la radio y por todos los medios de información durante las 24 horas del día, la Presidencia de la República optó por proponer a la sanción del Congreso Nacional la reforma a la Constitución de la República, con el fin de hacer posible el establecimiento de un Consejo de Estado que se compondría de 7 personas y del cual formaría parte un miembro de la jerarquía eclesiástica.

En este libro se recogen los discursos pronunciados por el Presidente de la República durante aquel período de algazaras y de convulsiones callejeras que estuvieron a punto de desembocar en una guerra civil si la amenaza de una intervención militar de los Estados Unidos no hubiera contribuido a sosegar las pasiones desorbitadas. La lectura de esos pronunciamientos permite seguir el curso de los sucesos de aquellos días y formarse un juicio acerca de ellos con sujeción a la verdad histórica más estricta.

En una segunda parte del presente volumen se recogen los artículos y los discursos, grabados estos últimos en cinta magnetofónica y radiados después en el país a través de distintas emisoras, que el autor compuso en el exilio en la ciudad de New York, entre los años de 1962 y 1965. Se trata de páginas de crítica acerba algunas veces, pero principalmente de oposición constructiva.

LA POLICÍA NACIONAL
ANTE LOS SUCESOS DE 1961 *

* Publicado en el periódico "El Caribe", edición del 24 de octubre de 1961.

Sean mis primeras palabras para felicitar calurosamente a la Polícia Nacional por la ejemplar conducta que observó durante las explosiones de violencia que han ocurrido en los últimos días en diferentes localidades del país. Es la primera vez en la historia de la República, que las fuerzas encargadas de velar por el mantenimiento del orden ofrecen a la ciudadanía un ejemplo de civilidad que honraría a los cuerpos castrenses de los países más civilizados de la tierra. Durante cinco días consecutivos, los agentes de la Policía Nacional han soportado toda clase de vejámenes y de agresiones brutales sin ejercer un solo acto de represalia y sin cometer un solo atropello contra las turbas amotinadas. El hecho de que varios agentes de la policía se hayan excedido en el cumplimiento de sus deberes, como ocurrió en la tarde del día 20 del mes en curso en la ciudad de Moca, no resta méritos a la abnegada conducta cívica y al ejemplar espíritu de tolerancia con que en la capital de la República y en las demás ciudades del país actuaron los miembros de esa institución que acaba de escribir una página de honor en los anales del civismo dominicano.

El Gobierno, cuya fe en el porvenir de la democracia se ha acrecentado después de los últimos sucesos y de la conducta cívica con que actuó frente a esas manifestaciones de barbarie la Policía Nacional, no desmayará en su propósito de establecer en el país un régimen favorable al ejercicio integral de las libertades civiles. No obstante las enormes dificultades con que ha tropezado en la práctica esa iniciativa, originadas en su mayor parte por el desajuste que había necesariamente de producir la implantación de nuevos métodos de administración y de gobierno y de nuevas ideas y sistemas en la vida pública, hemos logrado avances que sería injusto desconocer porque para nadie pueden pasar inadvertidos. En menos de cuatro meses se ha modificado el panorama político nacional hasta el punto de haber realizado progresos enormes en cuanto al respeto debido a los derechos humanos y de haberse logrado un nivel democrático superior al de los años anteriores. En el país existe hoy plena libertad de expresión y si por algo se peca en esta materia es por el abuso que se hace, tanto en la plaza pública como en la prensa y en la radio de oposición, de esa prerrogativa esencial, acaso la más importante de todas las que realzan la personalidad humana. El derecho de libre asociación, para fines pacíficos, es practicado asimismo, sin limitaciones, y se están dando los pasos necesarios para garantizar a todos los partidos un sufragio sincero y para rodear de la mayor pulcritud la consulta electoral venidera. Los periódicos extranjeros entran al país libremente, aun en aquellos casos en que sus páginas acogen injurias y libelos difamatorios contra las instituciones dominicanas. En el orden económico, también se han tomado medidas efectivas para garantizar la libre empresa y abolir las trabas y los monopolios que existían en beneficio de intereses particulares. Si se consulta nuestra actual legislación tributaria, podrá fácilmente advertirse que hemos avanzado también considerablemente hacia el establecimiento en el país de sistemas impositivos verdaderamente inspirados en un recto espíritu de justicia fiscal.

Aún no ha concluido, desde luego, el proceso abierto para afianzar la democracia dominicana. Pero contra la intemperancia de unos grupos y la resistencia reaccionaria de otros, el proceso avanza, y el futuro demostrará que la República se ha incorporado definitivamente a un sistema de gobierno positivamente civil, democrático y representativo. Esos esfuerzos se han dirigido en los últimos meses, y se continuarán dirigiendo inflexiblemente en los próximos, hacia un objetivo específico: la supresión de toda medida extralegal y de toda acción policial excesiva. Con tales fines, el Gobierno ha contratado una misión de carabineros de Chile, especializados en la materia, que ya se encuentra en el país y que está procediendo a un estudio de nuestros cuerpos policiales y de nuestros servicios de inteligencia para reorganizar-los científicamente y lograr que esas instituciones respondan en lo sucesivo a las verdaderas finalidades de su creación, que son las de garantizar las libertades civiles al propio tiempo que la de contribuir a la preservación del orden y la seguridad del Estado.

Estamos en camino de suprimir todos los abusos y de evitar que la autoridad legítima de la Nación sea usurpada por personas particulares que habían erigido ciertas zonas del país en verdaderos feudos para sus granjerías y sus depredaciones. Aún quedan restos, es cierto, de una institución diabólica que ha hecho su aparición en la vida nacional como respuesta al programa iniciado por el Gobierno para establecer un régimen de decencia política y de respeto a los derechos humanos: la de los "Paleros" y la de los "Contrapaleros". Esas bandas de facinerosos, en las que ha hallado cabida lo peor del hampa política nacional, constituye una afrenta para nuestra incipiente democracia, y el Gobierno, al denunciar esa vergüenza ante el país y ante el mundo, se compromete a emplear todos los medios de que dispone hasta conseguir que ese residuo de barbarie desaparezca de la vida dominicana. Los "caliés", otra odiosa supervivencia de nuestro antiguo Servicio de Seguridad, quedarán totalmente extirpados por la reforma que bajo la dirección del ex-Coronel del cuerpo de carabineros de Chile, Don Pablo Tuza Doncha, se está implantando para convertir la Agencia Central de Información en un organismo que se dedique a velar por la seguridad nacional en vez de circunscribirse al espionaje y a la delación en un inútil empeño para fiscalizar los pasos y controlar la conciencia de cada ciudadano.

Este plan de democratización, sin embargo, podría acelerarse y conducirse con más efectividad si se constituye un gobierno de coalición que permita a todos los partidos colaborar en la obra de la reconstrucción nacional y en el saludable propósito de conducir al país hacia la meta del régimen de derecho que se requiere para que quede definitivamente establecida en la República, en toda su plenitud, la democracia del pueblo, por el pueblo y para el pueblo, según la admirable fórmula esbozada en la oración de Gettysburgo.

Hay un terreno en el cual todos los odios deben cesar y en que las divergencias deben abandonarse: el de la salud de la Patria. La opinión nacional se halla fuertemente dividida y no puede perderse de vista que para dar a los problemas del país una solución verdaderamente patriótica, es menester abandonar las posiciones radicales y admitir que tan dominicanos son los grupos que militan en las filas de la oposición como las grandes masas que apoyan al Gobierno nacional y que se hallan responsabilizadas con sus ejecutorias. Es preciso, pues, encontrar una fórmula que se ajuste a la realidad actual del pueblo dominicano y que pueda restablecer la era de concordia que necesitamos para salir de la angustiosa situación en que el país se encuentra desde hace varios meses. Esa fórmula podría ser la del gobierno de coalición o cualquiera otra que tenga la virtud de apaciguar los odios y de establecer el clima de convivencia que se necesita para llevar la tranquilidad a los hogares y para reconstruir la economía dominicana.

Ha llegado, pues, el momento para la conciliación y la concordia. Todo lo que era en el panorama político nacional de los últimos meses materia controvertible o elemento de fricción, ha sido eliminado. Los hechos que se señalaban como obstáculos insuperables para el funcionamiento del régimen de derecho en que va a modelarse el nuevo destino del pueblo dominicano, están siendo removidos gracias a la transigencia y al espíritu de comprensión de los principales personeros de la situación pasada. Carece, pues, la oposición de pretexto plausible para negarse a la avenencia y al acuerdo fructífero. El General Rafael L. Trujillo hijo, Jefe de Estado Mayor General Conjunto de las Fuerzas Armadas, me acaba de dirigir una comunicación que será dada a la publicidad en las próximas horas y que será sin duda recibida con gratitud y con emoción por sus conciudadanos. Con ese rasgo altruista, la primera figura militar del país conquistará para sí un puesto distinguido en la historia y contribuirá al propio tiempo al afianzamiento de la democracia nacional que tendrá que estampar su nombre en las páginas en que se describa mañana el proceso de su reestructuración definitiva.

El Gobierno simpatiza con los ideales y con las aspiraciones de los estudiantes. Nos agrada inclusive la rebeldía de la juventud universitaria. "Desgraciado el país –decía Juan Montalvo– en que la juventud no es rebelde". La clase universitaria es la que con mayor autoridad y mayor limpieza representa el pensamiento de las nuevas generaciones. De su seno saldrán los hombres llamados a gobernar el país en un futuro cercano. Pero para que la juventud que frecuenta las aulas de nuestra primera Casa de Estudios no traicione su destino ni sea inferior a la misión que le reserva el porvenir, es preciso que la Universidad no sea convertida en una feria política y que los estudiantes no se presten a servir de instrumento para el programa de subversión que el comunismo internacional patrocina en el mundo entero y que ya ha empezado a hacer alarmantes progresos en la República Dominicana. El cierre temporal de la Universidad obedeció, en el pensamiento del Poder Ejecutivo, al deseo de evitar que esa casa de enseñanza superior y los estudiantes que forman parte de ella, en vísperas de la implantación del principio de autonomía universitaria, fueran precisamente escogidos para esa labor de agitación y utilizados consciente o inconscientemente para esa empresa demoledora. Las puertas de la Universidad se reabrirán, en consecuencia, tan pronto se cree el clima de sosiego necesario para la labor docente y tan pronto retorne a los ánimos exaltados la cordura indispensable para el funcionamiento del orden jurídico que todos anhelamos.

En cumplimiento de la ley que prohibe en el país las actividades comunistas se procederá en las próximas horas a la expulsión de varias células del comunismo internacional que han operado en el país durante los últimos meses contra los supremos intereses de la Nación. Esa decisión se ha tomado no sólo por la peligrosidad de las ideas que esos agentes de doctrinas foráneas habían venido infiltrando, durante los dos últimos años, en la sociedad dominicana, principalmente entre los estudiantes y entre los núcleos obreros, sino también por el hecho de que ese clan de agitadores actuaba como instrumento de un Gobierno extranjero y representaba en el país intereses extraños al destino y a la ideología tradicional de las 21 naciones que pueblan el continente americano. Las actividades que desarrollaban estos señores, no sólo comprometían nuestro futuro como pueblo cristiano sino que eran además contrarias a la declaración de Caracas, votada en la Décima Conferencia Interamericana, en virtud de la cual todos los gobiernos de América adquirieron la obligación de erradicar de su territorio las actividades de los grupos políticos que actuaran dentro del Hemisferio como instrumentos de potencias extracontinentales. Con esta providencia el Gobierno cumple, pues, no sólo con su deber de preservar la soberanía nacional contra toda ingerencia extranjera, sino también con la obligación superior de eliminar de su territorio toda actividad incompatible con los sistemas de defensa establecidos por las naciones de América para la organización de su seguridad colectiva.

El próximo año de 1962 está llamado a ser un año de prosperidad sin precedentes para el pueblo dominicano. El país está llamado a disfrutar, en condiciones excepcionalmente favorables, de nuevos mercados para sus productos básicos y a disponer de todas las divisas necesarias para reconstruir su sistema monetario y para desenvolver, en términos holgados y absolutamente normales, su intercambio económico con todos los países de América y con los que en otros continentes han constituido desde hace más de un siglo sus mercados tradicionales. Nos encontramos, asimismo, en condiciones óptimas para disfrutar de las enormes posibilidades que ofrecen los Estados Unidos para las frutas y otros productos del suelo, con que Cuba abastecía preferencialmente el mercado norteamericano. La economía de nuestro país está en el fondo intacta y con poco esfuerzo podemos darle un impulso decisivo en los próximos meses. Para ello sólo se requieren dos factores: en primer lugar, el clima de sosiego político que podría suministrarnos la fórmula de conciliación que hemos propuesto o cualquiera otra que se inspire en el interés común; y, en segundo término, la inversión honesta de los considerables recursos que podríamos tener a nuestra disposición a partir del mes de enero próximo para la realización de obras reproductivas y bien planificadas. Con un poco de buena voluntad, y con un poco de sacrificio impuesto a las ambiciones personales y a los egoísmos políticos propios de todos los que nos hallamos envueltos en la presente lucha por la conquista o por la retención del poder, podríamos ofrecer al país esa era de prosperidad que tanto necesita y que las circunstancias actuales ponen a nuestro alcance. Esas son las seguridades que el Gobierno, en vísperas de acontecimientos decisivos desea llevar al ánimo del pueblo dominicano. Corresponde ahora a la opinión sensata del país, representada por sus comerciantes, por sus industriales, por sus agricultores, por su verdadera clase pensante, y por sus fuerzas vivas, en una palabra, decidir si debemos o no aprovechar la ocasión que se nos ofrece de ser felices y prósperos, de vivir en un ambiente de seguridad y de orden, sin estrecheces que opriman onerosamente a nuestras masas trabajadoras y a la sufrida clase media nacional, o si debemos, por el contrario, seguir en esta lucha suicida de imprecaciones y de denuestos recíprocos, de odios infecundos y de malquerencias estériles que terminarían por cavar la fosa en que la República se hundiría bajo el peso de los errores de quienes podríamos salvarla si sabemos tenderle lealmente la mano en una de las horas más críticas de su historia.

Coincide esta apelación que hace el Gobierno a la opinión mayoritaria del país, a aquella que no tiene hachas que afilar ni representa egoísmos políticos ni intereses espúreos, con el criterio que en un manifiesto dirigido al país acaba de exponer la Asociación de Caficultores de Barahona, uno de los núcleos humanos de mayor autoridad y de mayor importancia en la República: "Nuestra nación está en una encrucijada de su historia, que obliga a cada ciudadano a construir en vez de destruir; no es momento para alimentar odios ni rencores cuando miramos el presente o cuando contemplamos el pasado, y es por eso que nosotros, los hombres del café de la provincia de Barahona que contribuimos con el producto de nuestro sudor y nuestro esfuerzo en una proporción elevadísima, a cada grande obra que se construyó en nuestra República a partir del año 1949 y que hoy constituyen legítimo orgullo para todos los dominicanos, no miramos hacia el pasado con la perversidad del odio o la malevolencia del rencor, y ese esfuerzo nuestro, ese sudor, que contribuyó en una forma cuantiosa a todo lo grande que se hizo en nuestra República en el período señalado, lo contemplamos como el más valioso legado histórico con que hemos contribuido al engrandecimiento de la Patria."

La raya de Pizarro está trazada sobre el porvenir del pueblo dominicano: por aquí, por el camino de la conciliación y la concordia, se va a la prosperidad y al bien común, y por allá, por la senda de los apetitos desbocados y las recriminaciones gratuitas, se va a la catástrofe con el deterioro creciente de la economía y con la ruina inevitable de las instituciones nacionales.

La oposición tiene, pues, la palabra. El Gobierno ha hablado en términos precisos. Que el pueblo elija ahora su destino.

EL FIN DE LA ERA DE TRUJILLO *

* Publicado en el periódico "El Caribe", edición del 24 de noviembre de 1961.

Me dirijo en esta ocasión al país para pedir un voto de confianza a mis conciudadanos. Tengo conciencia de la misión histórica que me ha señalado el destino y voy a cumplirla sin temores y sin vacilaciones. Las responsabilidades que he asumido me obligarán, en el curso de esta dura tarea, a herirme en mi propia carne y a tomar determinaciones inflexibles que no me es dable eludir. Desde que empezaron las dificultades en que me he visto últimamente envuelto, tengo presentes las siguientes palabras de un ilustre hombre público colombiano cuyas expresiones responden hoy a mis convicciones irretractables: "Para el honor y para la grandeza de la República, más vale un presidente muerto que un presidente fugitivo."

Es la primera vez que me dirijo al país en el pleno ejercicio de mis poderes constitucionales. No ostento ya de nombre, sino efectivamente, la jefatura suprema de las Fuerzas Armadas. Nada puede hacerse en el territorio nacional de ahora en adelante, sin el consentimiento del funcionario a quien la Constitución de la República inviste con todas las facultades inherentes al Poder Ejecutivo en un régimen presidencial como el nuestro. Puedo hoy, en consecuencia, ofrecer al pueblo dominicano realidades y no simples promesas, afirmaciones categóricas y no falsos eufemismos y frases dubitativas.

La Era de Trujillo ha terminado. El momento no es oportuno para responsabilizar a nadie, ni para someter al escrutinio público las faltas irreparables que han dado lugar al desplome definitivo de la dictadura. No es hora de rendición de cuentas sino de liquidación de lo que ya no puede sostenerse porque es el pueblo ahora el que decide y nada ni nadie puede oponerse a las decisiones de la voluntad popular. Tenemos, pues, que empezar la dura tarea de los cambios inevitables y de las rectificaciones totales. La primera pieza de la maquinaria totalitaria sobre la cual ha empezado ya a descargar el pueblo su piqueta demoledora, es el "Partido Dominicano". Es evidente que esa agrupación política, en cuyas filas militó una inmensa mayoría del pueblo dominicano, está condenada a desaparecer. En ella halló expresión la conciencia política del régimen, y es lógico que concluya con la Era. Se impone como un signo categórico de los nuevos tiempos que vive la República la desintegración de esa agrupación política. Sería insensato intentar mantener un partido que sirvió de bandera a una época y que forzosamente debía caer arrastrado por la catástrofe que ha hundido la Era de Trujillo. Por eso mi primera iniciativa se ha dirigido, en acatamiento de la voluntad popular, a suprimir el descuento que se hacía a los servidores de la Administración Pública en beneficio del partido de gobierno, y la segunda se encaminará, cuando se hagan las reformas constitucionales correspondientes, a proponer que los bienes de esa agrupación política pasen al patrimonio del Estado. La tercera fase de ese proceso de liquidación debe ser obra de una convención del propio Partido Dominicano o resultar de los hechos mismos a medida que avance el inexorable proceso de desintegración ya iniciado.

Todas las demás providencias para la liquidación del absolutismo están siendo ejecutadas sin demora. El terrorismo, representado por los grupos de "paleros" y por otras manifestaciones de primitivismo político que eran utilizadas por la reacción en un intento desesperado por retener el Poder y conservar la fisonomía totalitaria que caracterizaba al régimen pasado, ha desaparecido del escenario nacional. Aquellos símbolos externos que encarnan ante la conciencia nacional la imagen del pasado, tales como las estatuas, los bustos y el nombre de la capital de la República, han sido suprimidos para que no exista siquiera ese pretexto para avivar sentimientos de animadversión y de repulsa en las masas. Las Fuerzas Armadas, purgadas de muchos elementos que la oposición consideraba indeseables, han adquirido ante la opinión del país una autoridad moral y un relieve cívico que las coloca por encima de las controversias de la plaza pública, porque su actitud de respaldo al orden constitucional probó que la institución más digna del respeto público, entre todas las que nos legó la era desaparecida, es la que tiene a su cargo la preservación del orden y la defensa de la tranquilidad de la familia dominicana. La Agencia Central de Información, otro de los focos fomentadores de la inconformidad popular, ha quedado también prácticamente eliminada con la cancelación de los miembros de esa organización señalados por el rumor público como agentes del sistema represivo ya afortunadamente clausurado.

Las reformas que sea necesario realizar en el orden económico están siendo a su vez estudiadas. Nada puede hacerse en este terreno sin el tacto y la cordura que supone la introducción de un cambio radical en un imperio que se halla tan íntimamente vinculado a los intereses nacionales. Pero el pueblo puede tener la seguridad de que su voluntad será respetada y de que en este aspecto, como en todos los demás, el interés supremo del país servirá de inspiración invariable a las determinaciones oficiales.

Ninguna de estas medidas, sin embargo, podría satisfacer la inquietud que bulle en la conciencia nacional si no se busca al mismo tiempo al problema político una solución adecuada. El país no puede seguir siendo exclusivamente gobernado, en esta etapa decisiva, por los representativos y los personeros de una sola facción de la opinión pública. Es urgente e indispensable la adopción de una fórmula que calme las inquietudes populares y que pueda traer al país el sosiego que necesita para reconstruir su economía y para la realización de una consulta electoral ordenada. He iniciado ya los contactos con los dirigentes de la oposición, especialmente con los de la Unión Cívica Nacional y el Partido Revolucionario Dominicano, y puedo asegurar al país que en los próximos días tal vez en las próximas horas, llegaremos al acuerdo que todos anhelan y que constituye un imperativo en los graves momentos actuales. El Gobierno que presido no omitirá medio alguno para favorecer la concordia y la conciliación nacionales. Cualquier fórmula que responda al interés de la Patria, tendrá mi apoyo y mi adhesión sin reservas.

He sometido ya al estudio y consideración de los dirigentes de la Unión Cívica Nacional el proyecto que el Gobierno ha elaborado para la reforma de la Constitución vigente. Entre las modificaciones a la Ley Sustantiva necesarias, a mi modo, figuran la del retiro de todo carácter oficial al Partido Dominicano; la de la institución de la Vicepresidencia de la República o el establecimiento de un régimen de sucesión presidencial más democrático que el que existe actualmente; la que tiende a eliminar de la Constitución todos los privilegios irritantes que en ella se consagran en beneficio de determinadas personas y de determinados bienes, y otras muchas, en fin, que favorecen la seguridad individual y los derechos inmanentes de la persona humana.

Haré todo cuanto esté a mi alcance para que la Ley de Autonomía Universitaria sea una realidad en estos mismos días. Los proyectos que se pondrán en práctica en beneficio de la clase obrera serán anunciados al pueblo en una próxima oportunidad.

Cumplo con el deber de informar al país sobre la presencia, en las cercanías de nuestras costas, de naves de guerra norteamericanas. Los acontecimientos que se han precipitado últimamente y que han concluido con la salida del país de la familia Trujillo, estuvieron precedidos de una serie de intrigas que milagrosamente no terminaron en una nueva tragedia. Todo el problema pudo haberse resuelto, como estaba previsto, por medio de negociaciones decorosamente conducidas a través de los órganos diplomáticos normales. Cuando todo estaba listo para esa solución afortunada, un error, cosa que en política es peor que el crimen, como decía Talleyrand, se interpuso en el camino de quienes trabajamos para lograr de buena fe ese acuerdo que parecía ser, en aquellos momentos, la fórmula adecuada. Los manejos urdidos por la ambición y por la torpeza iban a conducir al país necesariamente al caos y colocaron a la República al borde de un desastre de sabe Dios qué proporciones. Esas maquinaciones fueron frustradas por el Gobierno civil con la ayuda de dos factores: la serenidad, mantenida aun en el momento dramático de la culminación de la crisis, y el espíritu civilista de la inmensa mayoría de las Fuerzas Armadas, que apoyaron al orden constitucional impidiendo un nuevo retroceso del país hacia la barbarie totalitaria. Algunas horas antes del día señalado para la puñalada trapera contra las instituciones, varias unidades navales de los Estados Unidos aparecieron inesperadamente frente a las costas dominicanas. Su presencia allí se explicaba porque era lógico esperar que una crisis de la autoridad legítima en la República Dominicana debía exponernos a un caos y favorecer el intento del comunismo de sentar firmemente el pie en territorio dominicano. El que os habla tuvo oportunidad de advertir a todos sobre los peligros de la aventura que ya se palpaba en el ambiente. El Gobierno dominicano no solicitó la presencia de las naves de los Estados Unidos, pero no ha protestado ni se propone protestar de ella porque la consideró y la sigue considerando saludable para la preservación no sólo de la República Dominicana sino también de toda el área del Caribe, contra una infiltración en masa organizada en Cuba para subvertir las instituciones nacionales. Los barcos de guerra de los Estados Unidos, por otra parte, han respetado estrictamente la soberanía nacional, y en ningún momento han entrado en nuestras aguas territoriales. Todos han permanecido fuera del límite de las tres millas que establece el derecho internacional y en ningún instante han violado el dominio sobre el cual ejerce el Estado Dominicano su derecho de soberanía. Las protestas de los grupos fidelizantes o fidelizados que han hecho pronunciamientos contra el Gobierno por su supuesto apoyo a maniobras intervencionistas contra la República, no han hallado eco en ningún núcleo responsable del país, cuyas mayorías se hallan representadas por la Unión Cívica Nacional y por el Partido Revolucionario Dominicano, así como por una facción moderada del propio partido 14 de Junio.

La euforia de estos momentos debe pasar cuanto antes para que la cordura y la moderación vuelvan al ánimo de todos los dominicanos. Urgentes problemas requieren la atención de las fuerzas vivas de la República y de los organismos oficiales. La labor más importante, la que demanda con más urgencia la salud de la Patria, es la de la reconstrucción de nuestra economía.

Necesitamos buscar rápidamente ocupación para los millares de desempleados que hay en todo el país; tenemos que reconquistar nuestro crédito exterior y fortalecer nuestra moneda; nos urge sanear nuestro sistema bancario y emprender la construcción de algunas obras capitales para el bienestar del pueblo dominicano, tales como la presa de Tavera y la presa de Nizao.

Estas necesidades son apremiantes y no admiten demora. Para llevar a cabo esa tarea se requiere que en el país haya paz y que cese la agitación permanente y disociadora en que vivimos desde hace varios meses. Nada habremos obtenido con la supresión de las torturas físicas o morales que fueron la consecuencia inevitable de la centralización del poder en una sola persona, si sustituimos aquel estado de opresión colectiva por otro no menos nefasto para el país: el de la angustia de ver los hogares constantemente amenazados por la subversión callejera. Nada habremos logrado si la presente evolución se limita a sustituir la dictadura del sable y la ametralladora por la del puñal y la de la tea incendiaria. Ha llegado el momento de hacer un alto en este desbarajuste nacional, en esta especie de demencia que se ha apoderado de los espíritus más lúcidos y que nos llevaría necesariamente al desastre si las fuerzas sensatas de la Nación no se organizan para defenderse contra la anarquía izquierdizante con la misma decisión con que se asociaron para defenderse contra la anarquía reaccionaria. Si no cambiamos de rumbo, seguiremos el camino de Cuba, donde también se empezó a combatir la tiranía de Batista con las mismas armas con que ciertos grupos quieren seguir combatiendo en nuestro país una situación ya clausurada. El comunismo, digan lo que digan los nuevos profetas de la civilidad, se ha infiltrado en sectores apreciables de las masas nacionales. Su virus circula por las venas de una parte de la juventud, y está vivo en la mentalidad de un sector creciente de las masas obreras. Y ¡ay! si no se le detiene a tiempo. ¡Ay! si lo que aún subsiste en el país como factor de moderación, como elemento de orden y como fuerza de resistencia contra la descomposición de la nacionalidad, no se asocian para detener esa ola destructora que terminaría por invadir a toda la Nación y por quebrantar las bases de la familia dominicana.

Ahora mismo, en los momentos en que os dirijo la palabra, la capital de la República se halla invadida por las turbas que se dedican al pillaje y siembran la consternación en todos los hogares. El movimiento ha comenzado con el asalto a las residencias de la familia Trujillo y de sus allegados. Pero el próximo ensayo será inevitablemente contra las de todos porque lo que se ha predicado a las turbas enloquecidas es el reparto de todos los bienes y la abolición de la propiedad privada.

Exhorto a la ciudadanía a tener confianza en el Gobierno y a tener la seguridad de que este motín comunista será disuelto rápidamente y que el orden será restablecido sin atropellos innecesarios, pero con toda la drasticidad que las circunstancias requieran. O fortalecemos el orden y las demás bases en que descansa la sociedad, o nos disolveremos.

Apelo, pues, a todos los dominicanos de buena voluntad, para que nos unamos en un solo frente y superemos nuestras diferencias impidiendo que se malogre esta hermosa empresa reivindicadora en que nos hallamos empeñados. Me dirijo especialmente a vosotras, madres dominicanas, para que salvéis a vuestros hijos, a los futuros dirigentes del país, del peligro que representa para su formación cívica y moral la atmósfera de

locura y de agitación que todos hemos contribuido inconscientemente a crear y que ya empieza a asfixiarnos. No dejéis que el
odio entre en sus corazones y que ante sus ojos se levante otra
vez la terrible imagen del fusil que iluminó ayer con sus trágicos
fogonazos el campo de nuestras discordias civiles. Vosotros,
comerciantes, industriales, ganaderos, hacendados, uníos también
para impedir las graves consecuencias que tendría para vuestros
propios intereses y para la estabilidad económica del país en
general, la prolongación de un estado de cosas que conspira
seriamente contra el país y que va agotando poco a poco sus
energías y restando vigor a su voluntad reconstructora.

El Gobierno que presido cree que esa situación debe cesar
cuanto antes. Así lo requiere el interés supremo de la República
y el interés particular de cada uno de nosotros. Busquemos sin
egoísmos y sin pasiones la fórmula necesaria para la unidad
nacional. Las puertas del Palacio Nacional se hallan abiertas sin
limitaciones. Que entren por ellas todos los dominicanos de buena
voluntad, que aquí nos hallarán con el ramo de olivo de la
concordia en las manos, y con el pensamiento y el corazón puestos
en la madre de todos: la Patria.

FINAL DE UNA DINASTÍA *

* Publicado en el periódico "El Caribe", edición del 1.º de diciembre de 1961.

La gravedad de la crisis política que se ha estado desarrollando en los últimos días, me impone el deber de dirigirme de nuevo al país para informarle sobre la posición del Gobierno y sobre los esfuerzos que ha estado realizando para llegar con los partidos de oposición a un acuerdo que responda al interés nacional y que satisfaga las aspiraciones legítimas de los distintos sectores en que se halla actualmente dividido el pueblo dominicano.

La dinastía de los Trujillo concluyó el domingo 19 del mes en curso cuando los principales personeros de ese régimen abandonaron el país tras una serie de intrigas que se desenvolvieron en un ambiente dramático y que estuvieron a punto de conducir a la República al caos. Creo indispensable enterar al país sobre los antecedentes inmediatos de esa crisis, porque el conocimiento de esos hechos puede contribuir a que se haga una apreciación imparcial y ecuánime de la conducta del Gobierno en estas horas decisivas. En la mañana del viernes 17 de noviembre, recibí en el Palacio la visita de varios miembros de la Unión Cívica Nacional, entre los que figuraron los señores Lic. Antinoe Fiallo, Dr. Ángel Severo Cabral, Ing. Manuel Baquero y Lic. Ramón Cáceres Troncoso. Esta comisión llegó ante mí anonadada por los acontecimientos. Ya era de público conocimiento que se preparaba un golpe de estado y que otra vez la barbarie política barrería con las instituciones y convertiría en un mito los derechos humanos. Bajo la presión de esa atmósfera de ansiedad, se me preguntó si el Gobierno estaría dispuesto, para frustrar las maquinaciones de los que patrocinaban la reacción contra el orden constitucional, a solicitar una intervención armada de los Estados Unidos de América. Respondí que esa solución me parecía ignominiosa y que debíamos evitarla a todo trance. Me empeñé en llevar al ánimo de los visitantes la seguridad de que me hallaba solidarizado con la Unión Cívica Nacional y que compartía sus temores sobre las funestas consecuencias de una asonada contra el poder legítimo. En la tarde de ese mismo día, me visitaron el presidente y el secretario del Partido Revolucionario Dominicano. En este breve contacto pasamos también revista a la situación y coincidimos en la necesidad de que el poder civil, apoyado por los grupos de oposición que tienen verdadera conciencia cívica y que no se hallan influidos por el comunismo internacional, se opusiera con toda energía a la reacción para salvar la última oportunidad que teníamos de que el país se remodelara definitivamente dentro de un régimen de convivencia realmente civilizada. El presidente del Partido Revolucionario Dominicano, el distinguido ciudadano Juan Bosch, honra de las letras americanas, tuvo oportunidad de referirse a esa entrevista y de enterar al país, desde los micrófonos de Radio Caribe, de la respuesta que di a la angustiosa interrogante que me fue formulada: "Lucharemos unidos, y si caemos, nos quedará la satisfacción de caer con gloria y de arrastrar en nuestra caída la última esperanza que tiene el pueblo dominicano de reconstruir su vida y reestructurar sus instituciones".

Después de frustrado el golpe, gracias a la actitud de la Aviación Militar Dominicana, encabezada por el general Pedro Rafael Ramón Rodríguez Echavarría, y a la energía con que el titular del Poder Ejecutivo rechazó las pretensiones del grupo de personeros de la reacción que en la mañana del domingo 19 de noviembre lo tuvieron durante algunas horas prácticamente prisionero, los partidos de oposición hicieron público su respaldo al Gobierno y su solidaridad con la actitud que asumió en defensa del orden civil y de las normas constitucionales. Estas manifestaciones se insertaron en el diario "El Caribe", de esta ciudad, edición de fecha 20 de noviembre.

El domingo 26, apenas 8 días después de la salida del país de la familia Trujillo y de la caída final del telón sobre el escenario en que durante más de 30 años se desarrolló la tragedia del pueblo dominicano, recibí en mi residencia particular la visita del líder de la UCN, Dr. Viriato A. Fiallo, y del Dr. Jordi Brossa. Después de una serie de consideraciones y de alabanzas dirigidas al que os habla, ambos visitantes me pidieron que nombrara al Dr. Fiallo Secretario de Estado de las Fuerzas Armadas, para impedir una huelga general que podía llevar al país, según estos dirigentes, a una catástrofe irreparable.* Oí pacientemente, con el respeto que

* En esa ocasión los dirigentes de Unión Nacional entregaron al autor la siguiente propuesta:

MEMORANDUM
AL SEÑOR PRESIDENTE DE LA REPÚBLICA

La Unión Cívica Nacional, después de haber examinado cuidadosamente el plan que formuló el señor Presidende de la República en la última entrevista con los representantes de la Oposición, ha resuelto, de manera irretractable, declarar que no puede aceptarse ninguna solución que tenga como base elecciones generales en el próximo mes de mayo ni en ninguna otra fecha anterior al tiempo requerido para que los partidos políticos puedan realizar su labor y la conciencia pública adquiera las condiciones que la hagan apta para el ejercicio de un sufragio libre. Precisamente por esa circunstancia la Unión Cívica Nacional, que es el más fiel intérprete de los anhelos de nuestro pueblo, ha considerado siempre que, antes de estructurar un régimen constitucional definitivo, es indispensable que un gobierno de transición, de más o menos de dos años de duración, se encargue de la tarea de hacer desaparecer los vestigios del antiguo régimen y prepare un ambiente propicio para que el electorado pueda utilizar eficazmente una maquinaria técnica adecuada. Unos comicios verificados con precipitación equivaldrían a revivir la farsa electoral con que en varios períodos sucesivos pretendió legitimarse la dictadura. A esas mismas conclusiones llegó la Comisión Técnica de la Organización de Estados Americanos en el documento informe que mereció la aprobación del Presidente de la República.

En la situación anormal que confronta el país como consecuencia de la caída del aludido régimen, la historia no conoce otro medio de realizar la transición de la dictadura a la constitucionalidad que crear, por procedimientos excepcionales, el gobierno que mejor exprese la voluntad popular triunfante. No es a las viejas fuerzas sino a las nuevas a las que les corresponde realizar ese cambio. Ante una realidad tan palpable como es ésta, un deber patriótico compromete al Presidente de la República a reconocerla y a prestar su concurso, con altura cívica y desprendimiento, a la más rápida solución de tan grave crisis, utilizando las formas constitucionales que se han adoptado en casos semejantes.

En ese sentido, la Unión Cívica Nacional formula el siguiente plan, con carácter definitivo:

1. Designación temporal del General Pedro Rafael Ramón Rodríguez Echavarría como Jefe de Estado Mayor de la Aviación Militar;

2. Designación del Dr. Viriato A. Fiallo como Secretario de Estado de las Fuerzas Armadas;

3. Renuncia del Dr. Joaquín Balaguer como Presidente de la República, encargando inmediatamente de la Presidencia al Secretario de Estado de las Fuerzas Armadas ya designado y convocando a la Asamblea Nacional para que conozca de la renuncia;

4. Una vez aceptada la renuncia del Dr. Balaguer y juramentado el Dr. Fiallo como Presidente de la República, éste designará al General Pedro Rafael Ramón Rodríguez Echavarría Secretario de Estado de las Fuerzas Armadas;

5. Creación de una Junta de Gobierno Provisional, que presidirá el Dr. Viriato A. Fiallo, integrada por él y por otros seis miembros, y que asumirá las funciones tanto del poder Ejecutivo como del Poder Legislativo;

6. Disolución, por decisión de la Junta de Gobierno Provisional, de las Cámaras Legislativas;

7. Adopción por parte de la Junta de Gobierno Provisional de las normas que regirán su funcionamiento, tales como la forma de llenar las vacantes que ocurran en su seno y la mayoría requerida para reunirse y para tomar decisiones válidamente;

me merecen esos dos distinguidos ciudadanos, cuyas virtudes cívicas soy el primero en reconocer y admirar, esta propuesta inesperada, y me limité a contestar que aceptaría esa fórmula si el equipo gubernamental cuyos intereses tengo el deber de representar y defender la acogía como la expresión de un anhelo patriótico y no de una simple apetencia de poder. Los personeros principales del régimen, reunidos con el dirigente de UCN en el Palacio de Bellas Artes, rechazaron enfáticamente esta petición y la huelga fue desencadenada con todas las consecuencias funestas que estamos presenciando y cuya prolongación podría causar males de difícil reparación a nuestra democracia incipiente.

Apenas transcurridos los primeros días del cambio fundamental que se ha operado en la vida dominicana, con la liquidación definitiva del régimen pasado, y la salida del territorio nacional de todos sus personeros, la oposición reanudó su guerra contra el gobierno. La solidaridad creada por el peligro, por la conciencia que tenían entonces los grupos oposicionistas de que el triunfo de la barbarie traería otra vez las masacres en masa y la pérdida de las garantías individuales, desapareció para abrir nuevamente el camino a la subversión y a la violencia sistematizada. Su primer paso consistió en una nueva propuesta para que se creara una junta de gobierno presidida por el actual Presidente de la República. Ese organismo debía acumular en sus manos, según la fórmula de la Unión Cívica Nacional, tanto las funciones del órgano ejecutivo como las inherentes a las Cámaras Legislativas. Su mandato debía tener una duración de dos años y al cabo

8. La Junta de Gobierno Provisional, además de sus funciones normales de gobierno, deberá ceñirse a las siguientes normas:

a) Mantendrá en vigor las disposiciones de la Constitución del 2 de Diciembre de 1960 contenidas en los artículos 1, 3, 4, 5, del 8 al 16, del 60 al 78, 80, 82, 83, 85, 86, del 91 al 93, 97, del 101 al 104, y 109;

b) Nombrará los gobernadores, regidores y síndicos municipales;

c) Reorganizará la judicatura, el ministerio público y la Cámara de Cuentas, con facultad para sustituir sus miembros;

d) Organizará un régimen electoral que garantice el voto secreto y libre;

e) Preparará un proyecto de reformas constitucionales y convocará a elecciones generales, a celebrarse a más tardar el 1 de junio de 1963, con la finalidad de elegir los miembros de una Asamblea Revisora de la Constitución;

f) Convocará para elecciones generales, que se efectuarán a más tardar el 1 de diciembre de 1963, con el objeto de elegir los funcionarios que prescriba la constitución revisada; estos funcionarios tomarán posesión de sus cargos el 27 de febrero de 1964, fecha en que cesará la Junta de Gobierno Provisional.

Santo Domingo, 26 de noviembre de 1961

de ese lapso debía convocar unas elecciones libres para que el país escogiera, con todas las garantías establecidas en el informe de la Comisión Técnica de la Organización de Estados Americanos, el Gobierno definitivo.

Esta última fórmula fue aceptada en principio y el presidente del Partido Revolucionario Dominicano, Prof. Juan Bosch, redactó el manifiesto que debía dirigirse al país para anunciar esta noble contribución del gobierno y de los partidos de oposición al sosiego público y a la conciliación nacional. Dos horas después, sin embargo, esa fórmula salvadora fue desechada y sustituida por una nueva en que se pedía la inmediata disolución del gobierno y la constitución de una junta compuesta por siete ciudadanos notables.

Esta nueva propuesta, totalmente inadmisible y contraria al orden constitucional y a los principios por los cuales todos nos comprometimos a luchar en las horas dramáticas en que era inminente el asalto de la barbarie contra las instituciones, fue rechazada por el gobierno y dio lugar a que las altas jerarquías de las Fuerzas Armadas fijaran su posición en el documento siguiente que suscriben el Mayor General Piloto Pedro Rafael Ramón Rodríguez Echavarría, Secretario de Estado de las Fuerzas Armadas, el Contralmirante Enrique R. Valdez Vidaurre, Jefe de Estado Mayor de la Marina de Guerra; el Mayor General Luis A. Román, Jefe de Estado Mayor del Ejército Nacional; General de Brigada Pedro S. Rodríguez Echavarría, Jefe de Estado Mayor de la Aviación Militar Dominicana, y el General de Brigada Miguel F. Rodríguez Reyes, Inspector General de las Fuerzas Armadas:

1.   La Junta estará compuesta por siete miembros, presidida por el actual Presidente de la República, Doctor Joaquín Balaguer, y siendo uno de los siete miembros el actual Secretario de Estado de las Fuerzas Armadas.

2.   Solamente el presidente de la Junta podrá dictarle órdenes a través del Secretario del ramo a las Fuezas Armadas, y en caso de ausencia, renuncia o muerte del presidente de la Junta, la presidencia la asumirá el Secretario de Estado de las Fuerzas Armadas.

3.   El presidente de la Junta no podrá pedirle al Secretario de Estado de las Fuerzas Armadas la separación o cambio de

ningún miembro de las Fuerzas Armadas por cuestiones antojadizas.

4. La Junta que durará dos años, y el Gobierno resultante de las elecciones subsiguientes, no podrá ser comunista ni de la misma tendencia.

5. No se perseguirá o se cancelará a los militares que en cumplimiento de órdenes de superiores jerárquicos en el Gobierno anterior hayan actuado contrariamente a la nueva norma del actual Gobierno, y en caso de separación será por pensión, con los honores correspondientes, y ninguno será perseguido ni ajusticiado después de su retiro.

6. No se podrá pedir a los miembros de las Fuerzas Armadas que cumplan órdenes para matar o atropellar a la ciudadanía.

7. Las Fuerzas Armadas no tolerarán el enriquecimiento ilícito de los políticos a costa del pueblo.

8. El presupuesto de las Fuerzas Armadas será sometido a la consideración de la Junta, pero nunca será menor que el preparado para el próximo año de 1962.

9. De llegarse a un acuerdo a base de la presente fórmula, se levantará un acto notarial que contenga las cláusulas aquí pactadas, el cual será suscrito por los siete miembros de la Junta y será publicado en la prensa nacional.

10. Entre los miembros de la Junta deberá figurar un prelado de la Iglesia Católica; y

11. Se disolverá el Congreso Nacional luego de modificar la Constitución para que tenga cabida este proyecto.

El documento suscrito por las Fuerzas Armadas tiene la ventaja de clarificar la situación: las Fuerzas Armadas apoyan irrestrictamente el orden constitucional y se sitúan al lado de las autoridades civiles investidas legítimamente con la representación del Estado. Nos hallamos, en consecuencia, colocados ante el dilema siguiente: o la oposición acepta esta fórmula, la cual podría ser legitimada mediante una reforma constitucional inmediata, con el fin de que la estructura democrática que el país se ha dado y que el país necesita sea respetada, o bien el Gobierno actual continúa hasta el 16 de agosto del año próximo, fecha en que expira su mandato, con la obligación impuesta por los preceptos constitucionales vigentes, de celebrar las elecciones el

16 de mayo y de someter esa consulta electoral a todas las garantías que se enuncian en el informe de la comisión técnica de la Organización de Estados Americanos.

La opinión sensata del país, ilustrada con los antecedentes que acabo de exponer, todos rigurosamente ajustados a la verdad, debe dar ahora su fallo con la ecuanimidad que debe esperarse de quienes juzgan los acontecimientos objetivamente y sin las pasiones y los prejuicios del grupo de agitadores que exigen una entrega inmediata del poder sin tener ningún título legítimo en que apoyar esa exigencia descabellada. Es bueno que se sepa que el clima de libertad y la situación de garantía que existe actualmente en el país es obra de las Fuerzas Armadas y de quien os dirige la palabra, y que nuestra única obligación, ante la conciencia nacional y ante el mundo, es observar la Constitución de la República tanto en lo que se refiere a las garantías individuales y al respeto debido a las normas en que se consagran la inviolabilidad de la vida y los demás derechos de la persona humana, y celebrar una consulta electoral pura el 16 de mayo para que sea la propia voluntad popular la que elija sus nuevos gobernantes y establezca el Gobierno que debe regir después del 16 de agosto próximo los destinos nacionales. Toda otra pretensión es antojadiza e ilegítima. Si el Gobierno nacional y las Fuerzas Armadas han accedido a discutir fórmulas y procedimientos que se aparten de ese camino, claramente señalado por la Constitución e impuesto por el derecho que nos asiste como creadores de la situación que actualmente existe en el país, reincorporado ya al régimen de convivencia civilizada que sirve de pauta a toda la familia de naciones del hemisferio americano, es para facilitar la concordia y hacer posible el clima de tranquilidad que el pueblo dominicano requiere para que sus problemas sean resueltos y para que se reparen las grietas que abrió la dictadura no sólo en el alma nacional, sino también en nuestras finanzas y en nuestra economía. Nada justifica, excepto la apetencia de poder, excepto el deseo de crear divergencias irreparables en la familia dominicana, esta oposición desaforada que no puede esperar las elecciones del 16 de mayo para que el país escoja, en unos comicios libres, su propio destino.

Mi tarea, señalada por los propios acontecimientos y por la

Constitución de la República, debía consistir una vez debelado el motín, en restablecer plenamente la vigencia de los derechos humanos, en asegurar a todos los ciudadanos y a todos los partidos el pleno ejercicio de las libertades civiles, en desmontar hasta la última pieza la maquinaria de la dictadura, desviando hacia las arcas públicas su enorme imperio económico, y en presidir, finalmente, el 16 de mayo próximo, las primeras elecciones puras que debían celebrarse en la República después de 31 años de opresión. En esa tarea he debido contar con la cooperación y el respaldo de todos los dominicanos de buena voluntad. Las ambiciones personales se han interpuesto en ese camino, que era el único lógico, el único sensato, el único admisible moral y políticamente, y han proyectado su máscara trágica sobre el risueño panorama que se abría ante el país tras el desplome de la dictadura.

El camino escogido por la oposición puede conducirnos al desastre. La violencia sólo puede engendrar nuevas violencias y la interrupción del orden constitucional sólo puede llevarnos a una nueva dictadura, peor acaso que la que ha sido felizmente abolida.

En el estado en que se hallan las cosas, después de varios días de negociaciones inútiles, después de tantas fórmulas de avenimiento que al fin han resultado frustratorias, lo que se impone es volver al clima de solidaridad y transigencia que nos unió a todos en las horas de peligro cuando tanto el poder civil como los líderes oposicionistas nos hallábamos bajo la amenaza de ser barridos por la reacción victoriosa.

Que Dios nos ilumine a todos y que cesen ya estas luchas insensatas en que estamos desperdiciando miserablemente la mejor oportunidad que ha tenido el país en varios siglos para alcanzar la prosperidad y para ser una de las naciones pequeñas más ricas y mejor organizadas de la Tierra. Estamos en vísperas de obtener una cuota azucarera de un millón de toneladas, aporte precioso a la economía del país que nos permitiría disponer, gracias a la cuota preferencial que pertenecía a Cuba en el mercado norteamericano, de más de cincuenta millones de dólares adicionales. Estamos asimismo propensos a recibir la ayuda de la Alianza para el Progreso, la noble iniciativa del Presidente de los Estados Unidos, John F. Kennedy, en favor de

las naciones latinoamericanas, especialmente de las subdesarrolladas, y la de los grandes organismos internacionales creados
para el fomento económico, como el Fondo Monetario Internacional, el Banco Interamericano de Desarrollo, y de otras entidades
que nos ayudarían eficazmente a fomentar nuestras riquezas y a
transformarnos no sólo en un emporio de abundancia sino
también en un centro de estabilidad democrática en que convivan
y prosperen armónicamente todas las clases sociales.

No malogremos esta oportunidad, única tal vez en nuestra
historia. Busquemos la fórmula de conciliación que nos agrupó
bajo una misma bandera que elimine para siempre el odio, el
mismo odio que nos separó en los tiempos de la tiranía y que
ahora pretende dividirnos de nuevo para que sigamos siendo el
mismo pueblo azaroso que hemos sido desde que Colón pisó por
primera vez esta tierra primada del mundo americano.

LA CRISIS POLÍTICA DE 1961 *

* Publicado en el periódico "El Caribe", edición del 11 de diciembre de 1961.

El país conoce ya la versión de la crisis política por la cual atravesamos, pero sólo la conoce a través de los distintos grupos que hoy luchan por la conquista del poder.

Pero esa versión mixtificada exige rectificaciones impuestas por la verdad. En primer término, debo aclarar que no es cierto que quien os habla aceptara pura y simplemente el plan que le fue propuesto por el grupo de dirigentes de Unión Cívica Nacional, durante la visita que me hizo en el hospital militar "Profesor-Marión" para proponerme la entrega del gobierno a esa organización política. Me limité en esa ocasión a expresar a la UCN que sometería la fórmula que me fue propuesta a la jerarquía de las Fuerzas Armadas, por la participación que éstas tuvieron en el movimiento cuartelario del 19 de noviembre. Tanto los principales personeros del Gobierno, encabezados por el Presidente del Senado, Lic. Porfirio Herrera, y por los miembros más destacados de ambas Cámaras Legislativas, se pronunciaron enérgicamente en contra de toda solución de la crisis que alterara el orden constitucional y que entrañara una capitulación del Gobierno para satisfacer simplemente las apetencias políticas de los grupos antigubernamentales.

Las Fuerzas Armadas, por su parte, se pronunciaron en el mismo sentido y se negaron a aceptar cualquier solución que no se ciñera a las normas constitucionales. Son testigos de la más alta calidad, de esa actitud categórica de los cuerpos armados, los Excelentísimos Señores Embajador Francisco José Oyarzun, Delegado de Chile ante la OEA, y Dr. Arturo Morales Carrión, Asistente del Secretario Auxiliar de Asuntos Interamericanos del Departamento de Estado.

Es obvio que esa actitud de nuestros cuerpos armados obedece, ante todo, al grave error cometido por la Unión Cívica Nacional, al exigir que un miembro de esa agrupación fuera escogido para desempeñar interinamente la Secretaría de Estado de las Fuerzas Armadas bajo la amenaza de declarar una huelga general y de llevar al país a un estado de desobediencia civil y de verdadera subversión. Sin esa exigencia insólita, es casi seguro que las Fuerzas Armadas hubieran adoptado ante la crisis actual una actitud más transigente y más conciliadora.

Debo ahora explicar al país la actitud del titular del Poder Ejecutivo ante los últimos acontecimientos. Bajo la violenta presión que han ejercido sobre mí los grupos oposicionistas interesados en la conquista inmediata del poder, he podido escoger entre estas dos soluciones: presentar mi renuncia con carácter irrevocable, en la forma que estipula la Constitución del Estado, y en ese caso mi sustituto hubiera sido obligatoriamente el actual titular de la Secretaría de Estado de las Fuerzas Armadas; o acogerme a una de las fórmulas artificiales propuestas por la oposición, designando primero como Secretario de Estado de las Fuerzas Armadas al Dr. Viriato Fiallo o a otra persona de reconocida moralidad, para que el orden constitucional fuera observado. La primera solución tenía el inconveniente de que abría las puertas del poder a un militar en el momento en que precisamente estamos empeñados en establecer en el país un régimen de fisonomía netamente civil fundado en las normas y sistemas de la democracia representativa. La segunda, aunque soslayaba aparentemente ese escollo, tenía a su vez el inconveniente de que no contaba con la simpatía de las Fuerzas Armadas ni con la aprobación de todos los grupos mayoritarios en que se divide la opinión nacional, algunos de los cuales abogan porque se deje al pueblo la decisión de la crisis y se celebren unas elecciones libres en que sea la propia voluntad popular la que elija finalmente su destino.

El camino más cómodo para mí hubiera sido el de la renuncia con honores que me ha sido ofrecida por la oposición. Pero he preferido seguir el camino áspero y lleno de peligros que me señala el deber. La historia no me perdonaría si por vacilaciones o por temor abandono mi cargo para que en el país se entronice, impuesta por las circunstancias, una dictadura militar, o para que se cree cualquiera otra situación de índole reaccionaria. Mi permanencia en ese sillón de alfileres en que se ha convertido la

Presidencia de la República, la he creído necesaria para cerrar el paso a la reacción. La he creído y la creo indispensable, en el punto a que han llegado las cosas, como una garantía de que el 16 de mayo habrá elecciones absolutamente libres, y de que el Poder será indefectiblemente entregado al ciudadano a quien en ese momento escoja la voluntad popular. Mi misión, desde la ocurrencia del 30 de mayo hasta ahora, ha sido la de velar por los líderes de la oposición, la de rodearlos de todas las garantías y de todo el ambiente de seguridad que se han hallado a mi alcance, la de escudarlos contra las fuerzas regresivas que operaban dentro del régimen y que en ciertos instantes han querido restaurar en toda su plenitud los sistemas felizmente abolidos, la de imponer con paciencia y con la sola autoridad puramente moral del poder civil, las normas del estado de derecho al que ha aspirado y al que aspira por igual, con inexhausta pasión, la inmensa mayoría de mis conciudadanos. Esta misión ha pasado para muchos inadvertida; para otros, para los más apasionados, carece de méritos; pero sólo Dios sabe lo que me ha costado y lo que a ella deben los mismos que me difaman y cubren ni nombre de tildes ignominiosos.

Es bueno que el país conozca a sus hombres y juzgue por sus actos y por la medida de sus ambiciones a sus actuales conductores políticos. Cuando un hombre público se contradice y sigue, en su trayectoria política, una línea sinuosa, es evidente que la fuerza que lo impele no es la del interés nacional sino la de sus apetitos personales. Así, los dirigentes de la Unión Cívica Nacional han declarado mil veces, desde la tribuna pública, que el Gobierno actual tiene una base espuria y que no debe, en consecuencia, respetarse el orden constitucional en que descansan las actuales instituciones. Pero esos mismos dirigentes no tuvieron inconveniente en proponer que una personalidad escogida entre su propio grupo fuera designada Secretario de Estado de las Fuerzas Armadas para llegar al Poder sorpresivamente al amparo del mismo orden constitucional que han declarado tantas veces inaceptable por la especie de pecado original que según su tesis lo invalida ante la moral y ante la ley. La política se nutre de realidades y no se reduce a una abstracción ni a una teoría metafísica. Si se fuera a buscar en razones puramente morales, basadas exclusivamente en un derecho ideal, la antijuridicidad de las actuales instituciones, desembocaríamos fatalmente en una estruendosa dislocación jurídica de tal importancia que equivaldría a una catástrofe social. En efecto, si las elecciones de donde salió el régimen actual fueran nulas, nula será también toda la vida jurídica dominicana, porque lo serían las Cámaras Legislativas con todas las leyes que han elaborado; lo serían los jueces nombrados por un Senado espurio y todas las sentencias dictadas en los últimos 31 años por los tribunales de la República. Habría que admitir, según ese orden de ideas, que son ilegítimas todas las situaciones creadas que sirven hoy de base a la familia nacional, y que carecen de vigencia todos los vínculos sociales que, como los del matrimonio, y los relacionados con el estado civil de las personas, se han establecido a través de tres décadas de actividades de todo género en la vida dominicana. Estos resultados son tan absurdos que sólo pueden explicarse por el delirio que crea en las mentes de los grupos exaltados de la oposición el ansia de poder, consideración suprema ante la cual vacila la lógica, sacrificada sin misericordia por la insensatez y la ambición. Estamos de acuerdo en que, en los últimos 30 años, el derecho ha nacido de la fuerza en la República Dominicana. Pero siempre ha sido así en la historia. Así se formaron los grandes imperios y los pequeños Estados, y así se ha hecho y se ha rehecho el mapa político de las naciones en la sucesión de los tiempos. No es deseable, pero es la realidad, y la política no puede prescindir de la realidad. Es una expresión biológica del organismo social que el hecho precede al derecho, que lo convierte luego en norma.

¿Cuál es ahora la única salida? ¿Cuál es el escape? Seguir hasta el vencimiento del término constitucional vigente, llamando a elecciones en el plazo fijado por la Constitución y las leyes. Lo que importa es que esas elecciones sean absolutamente libres para que de ahora en adelante el derecho no sea una simple expresión de la fuerza sino el resultado eminentemente espontáneo de la voluntad colectiva.

Lo que el supremo interés de la República exige a los dominicanos es ponderación y cordura. Las fuerzas conservadoras del país, las que desean que se instale un nuevo orden de cosas y que el comunismo no nos destruya como nación de esencias netamente cristianas, deben unirse para prevenir una catástrofe. Las elecciones que se celebrarán el mes de mayo próximo nos ofrecen la oportunidad de salvar dos cosas que nos son igualmente necesarias: nuestra democracia incipiente y nuestro derecho a seguir siendo un país católico y de pertenecer, como hemos pertenecido hasta ahora, al mundo occidental y a la civilización que desde hace dos mil años agrupa en su seno a los mejores pueblos de la tierra.

Esas mismas fuerzas deben contribuir también al establecimiento en el país de una democracia efectiva. En las elecciones del mes de mayo próximo debemos elegir a un ciudadano eminente, de honorabilidad reconocida, que inspire confianza a todos los dominicanos, y que ofrezca al país la etapa de convivencia pacífica que tanto necesitamos para reconstruir nuestra economía y estabilizar el estado de derecho que empezó a nacer sobre el charco de sangre en que el 30 de mayo último se desplomó la dictadura.

Toda otra actitud es antipatriótica. La hora de los insultos, la de las diatribas, la de la oposición sistemática, ha concluido. Ha llegado el momento de avanzar en sentido constructivo. El pasado debe quedar atrás. La de ahora debe ser una etapa de respiro para la República, que evite la lucha y que nos libre del caos.

Si la oposición no se aviene a esta realidad, si persiste en su actitud demoledora, si continúa su prédica intransigente y su programa negativo, suya será exclusivamente la responsabilidad de lo que podrá sobrevenir y que podía ser una de estas dos cosas igualmente lamentables: una dictadura militar o una intervención extranjera. La agitación permanente, la lucha callejera, la subversión siempre en marcha nos pondría necesariamente en el camino de las represiones violentas y de las juntas militares. En cambio, la lucha electoral honesta, la formación de partidos que se dispongan a terciar en los comicios del próximo mes de mayo, y la formulación de programas sobre los cuales gire el debate cívico, es lo único que podría preservarnos del desastre y preparar definitivamente al país para un régimen de convivencia democrática.

El Gobierno hará cuanto esté en sus manos para que la democracia dominicana no se malogre. No omitirá medio alguno para que las elecciones del próximo mes de mayo sean absolutamente puras. Procurará que el debate electoral se desenvuelva dentro de un clima de decencia y tratará de imponer la ley sin favoritismos y sin contemplaciones.

Que los del otro bando, las fuerzas que agitan en sus manos las banderas de la oposición sistemática, se ciñan también a la ley, y que no ofrezcan a nadie pretextos para que se pueda atentar contra las libertades fundamentales del ciudadano dominicano.

El General Rodríguez Echavarría, el mismo militar que

impidió, en un gesto cívico de inigualable gallardía, que los líderes de la oposición fueran salvajemente masacrados el 19 de noviembre último, desea sinceramente que en el país se instaure una democracia efectiva. Lo único que reclama es que a las Fuerzas Armadas se les reconozcan sus derechos legítimos, y que no haya represalias ni injusticias entre los dominicanos. Evitemos que esas nobles intenciones sean frustradas. No empujemos, con un gesto huraño o con una actitud incomprensiva, hacia la dictadura militar a quien ha puesto sus armas al servicio de la República y de nuestra democracia en cierne.

Es evidente que entre los factores que están contribuyendo a mantener y agravar la crisis dominicana ocupa el primer lugar la pertinacia con que se está utilizando el arma de las sanciones contra el Gobierno. El hecho de que se subordine a un entendimiento previo entre el Gobierno y la oposición el levantamiento de las sanciones impuestas a nuestro país en San José de Costa Rica, constituye una coacción intolerable que tiene todos los visos de una intervención en los asuntos domésticos de la República Dominicana. En el país funciona un gobierno legítimamente constituido y nadie puede negar que actualmente existe, en todo el territorio dominicano, ese minimum de respeto a los derechos humanos sin el cual ningún país podría ser digno de la consideración internacional. No hay en Latinoamérica ninguna nación donde la vigencia de los derechos fundamentales del hombre alcance hoy un nivel más alto al que impera en la República Dominicana. ¿Qué razón, pues, existe para el mantenimiento de las sanciones? ¿Por qué esa forma abusiva de intervención y de coacción moral y política, utilizada sin ambages para imponer soluciones atentatorias a la dignidad nacional del pueblo dominicano? Es hora, pues, de que en las altas esferas diplomáticas de América se reaccione contra ese atropello incalificable, y de que se devuelva el debido decoro a las relaciones entre nuestro país y los demás miembros de la comunidad americana.

Deseo en esta ocasión dirigir un llamamiento especial al pueblo de Santiago. Esta preferencia se explica por ser aquella ciudad el centro del Cibao y porque ninguna acción de interés público puede ponerse en movimiento en el país sin que Santiago participe en ella en forma destacada. No es hora de hablar de los blasones históricos de esa ciudad, castigada desde el nacimiento de la República por la terrible predestinación del heroísmo; no es oportuna tampoco la ocasión para encarecer lo que Santiago significa por la tremenda importancia de su gravitación cívica y moral en los destinos nacionales. Es obvio que en Santiago se encuentra el centro de gravitación de la mayor parte de los hechos históricos que han determinado a través de los tiempos la fisonomía política y espiritual del país. Y es a esa tradición a la que es preciso apelar en estos momentos: la de la misión educadora y renovadora de aquella ciudad ejemplar, foco espiritual que proyecta sobre la República entera no sólo la luz del pasado sino también la luz que alumbra la hora que vivimos y que es la única capaz de aclararnos a todos el camino del porvenir. Por eso apelo a la cordura de Santiago, por eso llamo al corazón de sus mejores hijos y les pido que dejen oír su voz en esta hora de desconcierto nacional para que ofrezcan a la República el ejemplo de su conducta serena, de su conciencia siempre firme y de su patriotismo siempre alerta.*

* La población de Santiago dio respuesta a este discurso con un voluminoso legajo en que figuraban las firmas de sus ciudadanos más representativos. En ese documento se me reclamaba, en tono casi conminatorio que abandonara inmediatamente el Poder y accediera a las exigencias de la Unión Cívica Nacional para que en el país se instaurara el gobierno que la República requería en aquellas circunstancias ominosas. Pocos días después, haciendo honor a la palabra empeñada en el discurso que antecede, acogí la fórmula propuesta por un grupo de miembros de la Unión Cívica encaminada a que se constituyera un Consejo de Estado que dirigiera los destinos del país hasta el 27 de febrero de 1963, previa la celebración de una consulta electoral supervisada por la Organización de Estados Americanos.

EN TORNO A LA POLÍTICA
DE 1961 *

* Publicado en el periódico "El Caribe", edición del 18 de diciembre de 1961.

Después de los graves sucesos que conmovieron al país en los últimos días, los ánimos han recobrado en gran parte su serenidad. El momento es, pues, propicio para que mi voz sea escuchada con el desapasionamiento y con el sentido patriótico que requieren los trascendentales problemas que gravitan sobre el destino del pueblo dominicano y que exigen una solución apremiante.

En varias ocasiones he dicho, desde esta misma tribuna del Palacio Nacional, que el país se halla en uno de los momentos decisivos de su historia: o el pueblo dominicano sigue por el camino que le han trazado los agitadores hasta caer en brazos del comunismo, con sus instituciones deshechas y su economía desvertebrada, o hace un alto en esa senda de perdición para ordenar su vida y emprender la ruta que ha de conducirlo a la conquista de la estabilidad política en un futuro cercano.

No podemos continuar viviendo en una agitación permanente y dando la espalda al porvenir lleno de promesas que nos aguarda, como si fuéramos una nación sin brújula o un pueblo empujado por fuerzas fatales e incapaz de sobreponerse a su destino azaroso. Convencido de la gravedad del momento histórico por el cual atravesamos, he resuelto enfrentarme a esta situación llena de peligros para la República tomando una resolución heroica que resolverá, mediante una reforma constitucional inmediata, la actual crisis política, creada artificialmente por circunstancias y por intereses que no es oportuno analizar en esta ocasión.

El Gobierno y la oposición trataron en vano, en las últimas semanas, de encontrar una fórmula satisfactoria para la solución de esta crisis que mantiene al país en un estado de peligrosa incertidumbre y de semiparalización de sus actividades vitales. Esos esfuerzos se malograron principalmente porque faltó el ambiente de ecuanimidad necesario para que el sentimiento patriótico y el interés genuinamente nacional se sobrepusieran a las apetencias de poder y a las pasiones desorbitadas. Por eso he creído conveniente aprovechar esta tregua para apelar a las fuerzas moderadas de la oposición y constituir con un grupo de ciudadanos eminentes, respetados en todo el ámbito nacional por sus virtudes cívicas, un Consejo de Estado que se instituirá mediante una reforma inmediata de la Constitución de la República. Este organismo asumirá, juntamente con el Presidente de la República, todas las atribuciones que la Constitución confiere al Poder Legislativo, a la Asamblea Nacional y al Poder Ejecutivo. Los seis ciudadanos que lo integrarán han sido cuidadosamente seleccionados tanto en las filas de la oposición como en las del propio Gobierno. Como Vicepresidente, con vocación para sustituir en caso de renuncia o de incapacidad al Jefe del Estado, actuará el Lic. Rafael F. Bonnelly, y como miembros los señores Monseñor Eliseo Pérez Sánchez, Senador de la República y Vicario General de la Arquidiócesis de Santo Domingo; Lic. José María Cabral Bermúdez, Dr. Nicolás Pichardo, Luis Amiama Tió y Antonio Imbert Barreras.

El Presidente de la República conservará, como prerrogativas exclusivas, la Jefatura Suprema de las Fuerzas Armadas de la República, y en esa virtud ejercerá plenamente las atribuciones que le confieren los incisos 13, 14, 16 y 17 del artículo 54 de la Constitución, y designará soberanamente al Secretario de Estado de las Fuerzas Armadas. Tanto el Vicepresidente como los demás miembros del Consejo serán designados por el Presidente de la República. Cuando el Lic. Rafael F. Bonnelly, en su calidad de Vicepresidente del Consejo, pase a ocupar la Primera Magistratura del Estado, lo sustituirá como Vicepresidente del organismo que va a crearse el Lic. Eduardo Read Barreras, actualmente Presidente de la Suprema Corte de Justicia.

El Consejo de Estado se constituirá válidamente con la presencia de cinco miembros por lo menos y sus resoluciones se tomarán por una mayoría de cuatro votos.

El Consejo tendrá facultad para cambiar a los actuales miembros de la Judicatura, a excepción de los jueces de la Suprema Corte de Justicia y de las Cortes de Apelación, y podrá sustituir a los gobernadores, a los síndicos, a los regidores de los Ayuntamientos y a los miembros de la Cámara de Cuentas.

El Consejo de Estado, una vez hechas las reformas que procedan en materia electoral, convocará a elecciones de representantes a una Asamblea Revisora de la Constitución, para una fecha que no será posterior al 16 de agosto de 1962. El Consejo deberá convocar asimismo a elecciones generales a más tardar el 20 de diciembre de 1962, y el nuevo Presidente de la República y demás funcionarios electos se posesionarán de sus cargos el 27 de febrero de 1963.

El actual Congreso Nacional Podrá declararse en receso hasta el 16 de agosto de 1962, al ser proclamadas las presentes reformas constitucionales.

Esta fórmula dará plena satisfacción a la actual crisis política en su aspecto puramente interno. Cada uno de los ciudadanos elegidos para compartir con el Presidente de la República las responsabilidades del poder público, traerá a las funciones de gobierno el pensamiento neutral y el espíritu independiente de las grandes mayorías dominicanas.

Con la formación de este Consejo de Estado se habrá dado un paso más en las reformas que he tenido el honor de patrocinar para hacer posible una transición pacífica que permita al país pasar plenamente de los sistemas totalitarios del régimen que expiró el 30 de mayo a los de una auténtica democracia representativa. El proceso de democratización que culmina con esta providencia se ha cumplido inexorablemente no obstante la poca colaboración que he encontrado en ciertos sectores oposicionistas que se han dejado ofuscar por sus apetencias de poder y que sólo han contribuido con un programa de desórdenes y de agitaciones callejeras a esos esfuerzos constructivos. Después del 30 de mayo abrí las puertas del país a todos los desterrados políticos y favorecí, con una serie de medidas de carácter liberal, la formación de partidos políticos que sustituyeran al Partido Dominicano y terciaran con nuevos programas y nuevas ideas en las futuras luchas electorales. Restablecí la vigencia de las garantías individuales y luché abiertamente para imponer en el país, después de 31 años de absolutismo, los conceptos fundamentales en que se afinca la dignidad de la persona humana. El país conoce las dificultades con que tropecé para la realización de ese programa de democratización progresiva. En multitud de ocasiones tuve que encararme a los personeros del viejo régimen y fui más lejos, muchísimo más lejos, en esas recriminaciones y en esas actitudes radicales, que los propios voceros de la oposición, que en vez de enfrentarse a los representantes de la reacción se limitaron a escogerme a mí para descargar sobre mi nombre todo género de injurias, sin tomar en cuenta que era yo el mejor colaborador y el mejor aliado con que contaban para su empresa reivindicadora. Huelga hacer la historia de los esfuerzos realizados por el poder civil para contener los desmanes del grupo reaccionario que actuaba desde las propias esferas oficiales. Pero quiero recordar un episodio de esa lucha dramática: la afirmación categórica que hice, en la carta dirigida a la Unión Cívica Nacional· el día 18 de julio de 1961,* de que la dictadura había terminado

* Esta carta tenía el tenor siguiente:

Ciudad Trujillo, D.N.
18 de julio de 1961.

Señores:
Dr. Viriato A. Fiallo, Dr. José Fernández Caminero.
Dr. Luis Manuel Baquero, Lic. César A. de Castro.
Lic. Rafael Alburquerque Zayas-Bazán, Lic Osvaldo
Peña Batlle, Arq. Manuel Baquero Ricart. Dr. Ángel
Severo Cabral, Lic. Carlos J. Grisolia Poloney, Dra.
Asela Morell, Prof. Minetta Roques, Federico Henríquez
Gratereaux, Lic. Antinoe Fiallo, Lic. Manuel Horacio
Castillo y Cosme A Gómez Patiño, y demás firmantes.
    Ciudad

Muy estimados señores:

Me es grato corresponder a la atenta carta que se han servido ustedes dirigirme, a nombre de la Unión Cívica Nacional, en fecha 11 de los corrientes.

No ha dejado de producirme una justa y dolorosa sorpresa el hecho de que se haya escogido este momento para exigir el respeto a la ley. Para nadie, en efecto, es un secreto que actualmente se está haciendo un esfuerzo sincero para restablecer en el país las condiciones necesarias para el funcionamiento limpio y honesto de un régimen de verdadera fisonomía civil, modelado firmemente en los principios de la democracia representativa; actualmente se están dando demostraciones inequívocas de respeto a la voluntad popular, de sujeción a las normas de la moral y a los postulados de la justicia; y la conducta de los que dirigen la cosa pública está abierta al escrutinio de todos los dominicanos, limpia de peculado e indeclinantemente sometida al imperio de la honestidad más estricta. ¡Cuánto más hermosa hubiera sido la actitud de ustedes si su índice acusador se hubiera levantado, lleno de pudor cívico y de gallardía patriótica, en las épocas duras en que las protestas podían ser silenciadas con las puntas de las bayonetas!

Celebro, de todos modos, el propósito de ustedes, aunque tardío y tal vez extemporáneo, de constituirse en guardianes de las leyes y en censores de los que se hallan investidos por la Constitución del derecho y del deber de velar por su fiel ejecución. En ejercicio de ese derecho de fiscalización que ustedes mismos se atribuyen, me piden cuenta de dos supuestas irregularidades de las cuales me hacen directamente responsable: de la inejecución parcial de la ley de amnistía de fecha 18 de mayo de 1961, y de los excesos cometidos por la Policía Nacional contra los que se amotinaron en la Plaza de Colón, de esta ciudad, el día 8 del mes de julio en curso.

La ley de amnistía está siendo firmemente observada por el Gobierno. Nacional y son muy pocas las personas que aún permanecen en las cárceles del país por razones de carácter político. Si todos los que se hallan en esa situación no han sido hasta ahora beneficiados por aquella noble y altruista providencia legislativa, es porque nos hallamos todavía a menos de dos meses de distancia del hecho criminal que segó la vida del Generalísimo Rafael L. Trujillo Molina y que debía lanzarnos, según el plan de los autores materiales e intelectuales de ese crimen incalificable, a la ignominiosa aventura de un golpe de Estado y de una posible lucha civil por la conquista del poder público. Ese vil atentado no ha sido todavía suficientemente esclarecido y elementales razones de precaución imponen a las autoridades el deber de impedir que los planes que se proponían realizar los conspiradores, parte de los cuales se hallan en poder del Gobierno, se lleven a cabo exponiendo al país a los peligros de una pugna fratricida. La tragedia del 30 de mayo no constituye un hecho baladí y no es justo pretender que frente a un episodio de esa magnitud las autoridades no tomen las precauciones debidas para mantener el orden público y resguardar de un nuevo desastre a la familia dominicana. Nuestra decisión, sin embargo, es poner en libertad hasta el último preso político y ejecutar sin reservas la ley votada por el Congreso Nacional para promover el espíritu de conciliación entre todos los dominicanos y crear el clima que el país requiere para el desenvolvimiento ordenado de sus instituciones.

En cuanto a los sucesos que se registraron en el Parque Colón y sus contornos el día 8 del mes en curso, rechazo categóricamente el aire de inocencia con que pretenden ustedes echar toda la responsabilidad de esos desmanes sobre los miembros de las Fuerzas Armadas. La víspera del día 8, la capital de la República fue invadida por una turba desenfrenada que quiso imponer, con el puñal y con la tea incendiaria, la ley de la selva sobre las familias amedrentadas. No hay duda de que en el incendio de la empresa "Radio Caribe" participaron agentes comunistas, entrenados en Cuba, y muchos agitadores que se aprovecharon de aquella explosión de barbarie para tratar de subvertir el orden institucional y socavar el Gobierno legítimo de la Nación. Los desmanes del día siguiente fueron provocados por agitadores profesionales, quienes enarbolaron su bandera negra y roja en los balcones del edificio que ocupa el Partido Revolucionario Dominicano y maniobraron abiertamente para excitar otra vez las multitudes y repetir la escena vandálica con que el día anterior se pretendió entronizar en la ciudad la intimidación callejera y la violencia subversiva. Frente a tales maniobras el Poder Ejecutivo no podía, sin faltar gravemente a sus deberes, cruzarse de brazos y permitir un nuevo intento de conducir al país al caos y de entregar la ciudad al terror de las turbas amotinadas.

Es evidente que hubo excesos por parte del Servicio de Seguridad y de los agentes de la Policía. Pero peor que las demasías de la acción policial hubiera sido la repetición de los bochornosos excesos de que fue testigo la ciudad el día anterior y el estímulo que una actitud vacilante de las autoridades hubiera dado a los empresarios del desorden y de los instintos diabólicos de la agitación. Si esas provocaciones al desorden y a la subversión volvieran a asomar de nuevo, sea aquí o en cualquier otra localidad de la República, el Poder Ejecutivo no vacilará en imponer el orden sin restricciones y apelará, en caso necesario, al Ejército Nacional, el cual hasta ahora ha respetado la disposición constitucional que le atribuye un carácter esencialmente apolítico, permaneciendo con ejemplar espíritu cívico recluido en sus cuarteles, para que cumpla el deber de resguardar la paz pública y de mantener el decoro y la seguridad del Estado. Puedo asegurar a ustedes que mis sentimientos son esencialmente civilistas, pero que no cejaré ante ningún escrúpulo para impedir que en mis manos el país sea entregado a la demagogia y las instituciones disueltas en la anarquía.

Me identifico con el pensamiento central de ustedes sobre la necesidad inaplazable de que en el país se establezcan las bases para el funcionamiento de un verdadero estado de derecho. El gobierno unipersonal ha desaparecido para siempre con la muerte de Trujillo. Una nueva época nació el 30 de mayo sobre el charco de sangre en que se inmoló el inolvidable caudillo fue sacrificado. El juicio que merezca el esclarecido república, victimado por un grupo de sujetos a quienes levantó del asfalto y a algunos de los cuales convirtió en sus más cercanos áulicos, no es tema adecuado para abordarlo en este instante. No son ustedes ni somos nosotros, sino exclusivamente la historia, la que habrá de pronunciar sobre la tumba de ese gran muerto la palabra definitiva. Pero es evidente que el estado de derecho a que ustedes se refieren es una exigencia imperativa de los nuevos tiempos. El país quiere métodos nuevos y una conciencia diferente en la rectoría de sus destinos supremos. Es forzoso dejar franco el camino para esa evolución inexorable. El país no es propiedad de una familia ni patrimonio de un grupo de privilegiados. Pero el país no es tampoco un botín para la aventura ni una presa para el comunismo y para la subversión. Las elecciones próximas deben ser absolutamente libres para que el pueblo dominicano escoja sin coacciones las personas en cuyas manos debe depositar su presente y a quienes debe confiar la tarea de hacer más brillante y más propicio el destino de las generaciones futuras. La lucha será ardua y ojalá que el pueblo dominicano tenga la sensatez suficiente para no confiar en vanas promesas y emprender aventuras capaces de comprometer gravemente su porvenir. Mis simpatías, como supongo que también las de los miembros de la Unión Cívica Nacional, se inclinan en favor y de que este país no era ya propiedad de una familia ni botín de un grupo de privilegiados, y la forma contundente con que abogué, desde la tribuna de las Naciones Unidas, por la instauración de un nuevo orden en la República, fundado principalmente en el respeto a la ley y en el reconocimiento integral del derecho del ciudadano a vivir en plena función de sus atributos básicos y de sus prerrogativas constitucionales. Me correspondió a mí, pues, la tarea que no supo realizar la oposición: la de minar el régimen cuando aún no había desaparecido el poderío militar que sirvió de sostén a la dictadura, y de establecer las bases en que estamos hoy asentando el estado de derecho que ha de sustituir al régimen despótico que durante 31 años oprimió la conciencia dominicana.

Cuando los viejos personeros de la dictadura decidieron derrocar el poder civil y restablecer en toda su odiosa plenitud el régimen anterior al 30 de mayo, fue también a mí a quien el destino colocó ante el dilema de huir o de ceder a las pretensiones de los que encabezaron aquella trama artera contra las instituciones nacionales. En vez de plegarme a las insinuaciones que se me hicieron para que solicitara una intervención extranjera, decidí enfrentarme solo, sin más arma que la de la potestad civil de que me hallaba investido, para frustrar aquel intento reaccionario y salvar definitivamente al país de las figuras objetables cuya presencia en suelo dominicano impedía fatalmente nuestra reincorporación a los principios y sistemas de la vida civilizada. Con tacto, con serenidad, con firmeza, evité al país una guerra civil y logré que la familia Trujillo se plegara al clamor nacional que requería su expulsión inmediata. Esta actitud del Poder Ejecutivo fue unánimemente aclamada por el país entero y provocó un verdadero frenesí patriótico y enormes explosiones de júbilo en las propias filas de la oposición. Se llegó hasta a hacer público el reconocimiento y la solidaridad de los principales grupos oposicionistas por el papel decisivo que me tocó desempeñar en aquellas horas cruciales.

---

de quienes sean capaces de administrar los intereses públicos con honestidad y de establecer un régimen de gobierno donde sólo impere la ley y donde sea una realidad y no un sarcasmo inicuo el respeto a los derechos individuales (la inviolabilidad de la vida, la libre emisión del pensamiento, el derecho a no ser encarcelado sin causa, el de no vivir en la zozobra bajo la amenaza de la delación y del espionaje, etc.), y donde tenga legítima vigencia el concepto moderno sobre la dignidad de la persona humana.

Les saluda muy atentamente,

JOAQUÍN BALAGUER

Después de la salida de la familia Trujillo, procedí sin reservas y sin vacilaciones a la liquidación del viejo régimen que ya puede considerarse como un imperio totalmente abolido. El poderío económico, político y militar en que descansó la oligarquía pasada ha sido eliminado. La libre empresa ha sido restablecida en el país y los enormes beneficios que antes eran privilegio de una sola familia han sido nacionalizados, y ahora mismo todo ese caudal se está canalizando en favor de las clases económicamente desamparadas. No hemos destruido un clan familiar para que la enorme fortuna que ese clan amasó con sangre del país vaya ahora a ser usufructuada por una nueva oligarquía constituida por políticos ambiciosos y por familias pertenecientes a las clases acomodadas. Al que os habla le ha tocado, pues, el honor de haber liquidado la dictadura, el de haber librado al país de los personeros de la reacción, y el de establecer las bases para el funcionamiento de la nueva democracia dominicana. Pero mi obra se halla aún inconclusa. Estoy decidido a no abandonar el Palacio Nacional hasta que no logre que el país sea admitido, con la plenitud de sus derechos y de sus prerrogativas esenciales, en el seno de la familia de naciones americanas. Consideraré mi labor concluida cuando se levanten las sanciones impuestas a la República por la Sexta Reunión de Consulta de Cancilleres, cuando se reanuden las relaciones diplomáticas de nuestro país con las demás naciones del Hemisferio, y cuando se nos reconozca, en consecuencia, el derecho que tenemos a participar de los cuantiosos beneficios económicos que nos corresponden en virtud de nuestra posición geográfica y por el papel histórico que desempeñamos en la expansión de la cultura occidental hacia más de las tres cuartas partes del mundo americano. Entre esos beneficios figuran, en primer término, el de la cuota azucarera que nos abrirá el mercado de los Estados Unidos con sus tarifas preferenciales, en igualdad con las demás naciones de América y el Mundo Libre, y la participación en el programa de la Alianza para el Progreso, una de las más nobles contribuciones de los Estados Unidos al desarrollo de la economía y a la elevación de los niveles de vida de las grandes masas irredentas de los pueblos latinoamericanos. Otra de esas conquistas, de las cuales hemos sido privados por la dura sentencia que nos excluyó de la comunidad hemisférica y nos rebajó al nivel de un estado semisoberano, es la del derecho que tenemos a recibir la ayuda técnica y económica de las grandes instituciones internacionales que, como el Banco Interamericano de Desarrollo, han sido creadas para llevar al terreno de la realidad el espíritu constructivo en que se inspiran los grandes acuerdos suscritos para dar vigencia al principio de la solidaridad en las relaciones interamericanas.

Cuando esa obra de democratización quede completa con el retorno del país al seno de la familia hemisférica, mediante el reconocimiento absoluto de sus prerrogativas como nación soberana, daré por cumplida mi misión y abandonaré, por mi propia iniciativa, la Presidencia de la República, para dar así oportunidad a otros ciudadanos de mayores aptitudes que las mías para encaminar la República por la vía de su rehabilitación definitiva.

Espero que este proceso se cumpla de ahora en adelante con la mayor rapidez, y que me sea posible retirarme a más tardar el 27 de febrero de 1962. Antes de que ponga en práctica esa decisión inquebrantable, tendré la satisfacción de anunciar al país el comienzo de la primera etapa de una de las obras más trascendentales para su futuro desarrollo económico: la de la Presa de Tavera. El Ing. Mauricio Álvarez, nombrado supervisor de esos trabajos, sale hoy mismo con rumbo a Suecia para discutir con las firmas Widmark & Platzer y Vattenbyggnadsbyran las bases del concurso que se abrirá a más tardar en el mes de abril próximo para la construcción de la cortina de la presa, primer hito en la realización de esta obra de enorme importancia para la economía de las zonas productivas de la región del Cibao. Para el financiamiento de esta etapa de la Presa de Tavera se utilizará el superavit con que será cerrado el presente año fiscal. Las demás fases de esta obra gigantesca podrán ser fácilmente realizadas con los grandes recursos de que el país dispondrá no sólo como consecuencia de la nacionalización del imperio económico de la dictadura, sino también como resultado de su reincorporación al seno de la familia de naciones americanas.

Otra promesa que dejaré cumplida, antes de resignar el cargo que ocupo, es la de la eliminación del impuesto de exportación que grava nuestros productos básicos y que ha dado lugar a la crisis por la cual atraviesa, desde hace varios años, la industria del café y la del cacao, nuestras dos fuentes de riqueza nacional por excelencia, no superadas en ese aspecto ni aun por nuestra creciente producción azucarera.

Sobre mi mesa de trabajo tengo ya el informe de la comisión

especial que fue designada para el estudio de la reclamación hecha por el ciudadano dominicano Lic. Germán Emilio Ornes Coiscou para que se le restituya la empresa editorial "El Caribe". Estoy listo para usar mi prerrogativa presidencial respondiendo, como es justo, al reclamo de la Sociedad Interamericana de Prensa para que este caso se resuelva con la equidad que la época actual exige y con la rectitud que nos imponen las rectificaciones que estamos realizando para reparar las graves injusticias que se cometieron durante el régimen cesáreo recientemente liquidado.

Confío en que al desaparecer mi nombre del debate político, cesen los pretextos invocados para agitar al país y para entorpecer el funcionamiento de la nueva democracia dominicana.

Si es cierto que lo único que se desea es la liquidación total del régimen pasado, y que mi presencia en la Presidencia de la República era el único obstáculo para esa empresa patriótica, a la cual he ofrecido mis mejores energías y mis mejores esfuerzos, el país puede ahora esperar que los ánimos se sosieguen, que las turbas no sean utilizadas como instrumento de terror para las huelgas políticas y para los cierres forzados, y que la serenidad vuelva a todos los espíritus haciendo posible que las fuerzas vivas de toda la República se dediquen de ahora en adelante a sus actividades normales.

Que cesen los insultos y que la tribuna pública se vuelva a convertir en cátedra edificante desde la cual se forme la conciencia cívica de las nuevas generaciones.

Que se frenen las apetencias de poder, para que los partidos se organicen y tercien con sentido patriótico en las luchas en que acabará de moldearse la democracia nacional.

Que se abandonen también las actitudes intervencionistas que han estado comprometiendo la dignidad nacional con las apelaciones a la presión extranjera para la solución de los problemas domésticos y de las diferencias políticas que actualmente separan al pueblo dominicano. Es un imperativo patriótico que se abandone esa práctica y que se evite que la República sea transformada poco a poco en una simple colonia, sujeta a la acción ingerencista de las grandes potencias como en la época de la Matrícula de Segovia, de las maquinaciones del plan Levasseur y de las idas y venidas del procónsul Juchereau de St. Denis, símbolo de la intromisión extraña que caracterizó en sus primeros tiempos la débil e incipiente nacionalidad dominicana.

Me dirijo especialmente ahora a la juventud, a los jóvenes que frecuentan las aulas de la Universidad y a los que aún cursan en nuestros centros de enseñanza secundaria, para que no oigan las sirenas del comunismo, para que no traicionen la causa de la República y para que se mantengan fieles a nuestras tradiciones como país irretractablemente cristiano.

Tened siempre presentes, estudiantes dominicanos, las siguientes palabras del Fundador de la República: "Ser justo es el primer deber del hombre". Estáis viviendo días de grandes cambios y de grandes transformaciones. Si llega el momento en que en vuestras almas se desplome la fe en las ideas que habéis jurado, a los hombres que habéis seguido, a los ideales que tenéis el deber de amar como a vuestras propias vidas, dirigid entonces la mirada hacia la figura apostólica del más grande de los dominicanos de todas las épocas, hacia la única conciencia incorruptible que ha existido en el país, hacia el único ciudadano digno del elogio con que la antigüedad honró a Marco Aurelio: "Estuvo en todo más cerca de la divinidad que del hombre". Cuando todo sea a vuestro alrededor ruina moral y desbarajuste cívico, volved los ojos a Duarte, seguros de hallar siempre resplandecientes en su pedestal estas tres palabras inspiradoras: Dios, Patria y Libertad.

Esta época del año es la más propicia para la concordia y para la paz. Que Dios nos ilumine a todos y que su Divina Providencia nos libre de egoísmos y estrecheces mezquinas, para que la República halle también su camino de Belén y sea conducida a través de las sombras que la rodean, por la luz inmortal de la estrella que guió a los Reyes de Oriente hasta la cuna del Salvador del Mundo.

COMITÉ NACIONAL
DE DESTRUJILLIZACIÓN *

* Discurso radiodifundido en cinta magnetofónica y publicado después en el periódico "Renovación", edición del 1 de octubre de 1962.

Entre las iniciativas más dignas de atención que ha puesto en ejecución el Consejo de Estado figura el establecimiento del "Comité Nacional de Destrujillización".

Pero es evidente que esa labor de destrujillización no compete a ningún organismo artificial sino al propio Consejo de Estado. Para destrujillizar el país, en efecto, hay que empezar por proscribir la sombra de Trujillo que todavía se proyecta sobre el Palacio de Gobierno. Lo que se infiere del Decreto en que se establece el llamado "Comité Nacional de Destrujillización" es el propósito de borrar totalmente las huellas que dejaron en la historia nacional las botas de Trujillo. Pero ese móvil es sencillamente ingenuo. La historia no se suprime con una ley ni se anula con un simple decreto. La historia puede maldecir el nombre de Nerón pero no puede callarlo. Los historiadores pueden condenar a Atila pero no pueden hacer desaparecer de sus libros las huellas de su caballo. Pretender que el nombre de Trujillo no se mencione como se prescribe en el Decreto que crea el organismo encargado de destrujillizar a la Nación, equivale a que se supriman las leyes, los discursos, los libros, las sentencias y los millares de actos de la vida nacional en que se halla condensada la actividad social y económica del país durante más de 30 años. Sería también necesario destruir todas las obras físicas que lo recuerden, comenzando con el propio Palacio Nacional en que se firmó el Decreto con que se pretende destrujillizar la Nación, y en el que se ordena a los dominicanos que borren de su mente la imagen de una era en que se concentró, durante tres largas décadas, toda la vida dominicana.

Lo que hubo de nefasto en el régimen de Trujillo no fue el tren burocrático que el dictador utilizó para poner en movimiento los servicios públicos y dirigir durante treinta y un años los destinos del pueblo dominicano. Si fuera así, entonces sería necesario llevar al paredón de los fusilamientos a todo el país, iniciando esa labor higienizadora con los actuales miembros del Consejo de Estado. Porque señores, ¿no está demasiado viva, demasiado reciente todavía la historia de la dictadura para que se olvide que en la República no ha existido hombre de gobierno que haya sido más aplaudido ni más festejado que Trujillo? ¿Se ha perdido acaso la memoria de las fiestas, de los homenajes, de los desfiles, de los ditirambos y de las adulaciones que el país entero prodigó al dictador, al amo de los mismos siervos que hoy quieren presentarse ante la República como si fueran prohombres?

El tiempo transcurrido no es aún suficiente para que se haya disipado el eco de las orgías con que la aristocracia dominicana festejó hasta la saciedad al ídolo, hasta el día mismo en que el ídolo fue bajado de sus altares envuelto en escarnio y en sangre. ¡Pobres patricios los nuestros que se contentaron con rumiar su frustración y con acariciar sus ambiciones en el silencio de sus hogares, incapaces de encabezar un auténtico movimiento de resistencia nacional contra las ametralladoras de la dictadura! Si algo merece respeto y admiración en aquel renunciamiento general y en aquella entrega colectiva, es el grupo de jóvenes que hoy militan en el "14 de Junio" y que fueron los únicos, los únicos en treinta y un años de ignominia, que desafiaron, con ejemplar heroísmo, la brutalidad del régimen, y que escribieron con sangre una página de honor en la historia del civismo dominicano.

Podría cambiarse a todos los servidores de la Administración Pública y a todos los militares del país, y aún seguiría moralmente insepulto el cadáver del sátrapa, aún seguiría fétido el ambiente nacional, porque el trujillismo no se limitó a la piel sino que penetró hasta los huesos en la sensibilidad dominicana. A los que hoy esgrimen, como una necesidad imperiosa, el arma de la destrujillización, se les podría recordar la polémica que se suscitó en Cuba entre los defensores del régimen de Estrada Palma y los que proclamaban la necesidad de que aquel país, recién liberado por la espada de Máximo Gómez y por la palabra de José Martí, se convirtiera de la noche a la mañana en una Suiza americana. Pues bien, dijo al final del debate uno de los que defendían los fueros del buen sentido contra el charlatanismo y contra la teoría:

"Estoy de acuerdo en que transformemos a Cuba en una nueva Suiza, pero decidme, ¿de dónde sacamos a los suizos?"

También los dominicanos de hoy podrían preguntar a los inventores de la destrujillización de dónde se proponen importar el material humano para formar una administración pública sin colaboradores de Trujillo. En una ocasión reciente, se censuró a uno de nuestros mejores compositores populares por los merengues que instrumentó en honra y alabanza del dictador. El increpado contestó así a sus detractores: "Es cierto que yo compuse los merengues, pero no es menos cierto que ustedes los bailaron".

Pero sí hay una destrujillización que se impone y que tarda demasiado. Esa destrujillización consiste en la eliminación de los métodos, de las prácticas, de las inmoralidades, de los abusos y de los despojos de la tiranía.

Destrujillizar al país, atacando la calentura en el organismo y no simplemente en la sábana, significa proscribir la rapacidad en la administración pública. Trujillo, con su inmensa fortuna y sus monopolios leoninos, encarnó el tipo del gobernante rapaz, del déspota que utiliza los recursos oficiales para enriquecerse a expensas del comercio, de la industria, de la agricultura, de las clases depauperadas.

Destrujillicemos, pues, la República, devolviendo su dignidad al poder y restaurando el género de honradez pública que representaron en el país un Horacio Vásquez, un Juan Isidro Jiménez, un Desiderio Arias, un Ramón Cáceres, caudillos montaraces pero honestos hasta ofender la honestidad misma con su conducta de armiño.

Destrujillizar la Administración Pública significa también abolir todos los privilegios y todos los negocios ilícitos que tanto daño hicieron a las grandes fuerzas vivas del país durante el régimen pasado. Evitemos, pues, que haya quien se atreva a llegar al Palacio de Gobierno con ofertas dudosas, con negocios sucios, y que haya en ese mismo Gobierno quien ose autorizar una sola medida que represente para alguien alguna ventaja que altere la igualdad de las relaciones económicas o que rompa el equilibrio de las competencias que constituyen el alma de todo comercio leal y de todo trato decente.

Destrujillizar significa liberar al pueblo de los enormes impuestos con que lo agobió la tiranía. Con posterioridad al primero de enero de 1962, nada se ha hecho para reducir el peso de esa carga intolerable que es una de las peores herencias del viejo régimen y que es la que más cruelmente gravita sobre los sectores empresariales y sobre las clases necesitadas. Con los millones que el país recibe de la "Alianza para el Progreso", de los monopolios asaltados por la oligarquía, de la nueva cuota azucarera, de la expansión, en una palabra, que la economía nacional ha experimentado como consecuencia de la sola supresión de las trabas establecidas en los últimos treinta años, tendríamos de sobra para sustituir los ingresos que el Estado perdería por la eliminación de tantos impuestos gravosos y de tanta injusticia impositiva.

Destrujillizar, destrujillizar de verdad, significa al propio tiempo corregir todos los abusos que se consumaron durante el régimen pasado. Nadie ignora cómo se formó el Central Río Haina. Para todos es conocida la historia de esa corporación monopolística que creció a expensas de los campesinos de Yamasá, de la Victoria, de Antoncí, de San Cristóbal, de Villa Altagracia, de Piedra Blanca, y de todas las regiones aledañas al pulpo, y que se alimentó con el patrimonio territorial de una enorme cantidad de trabajadores del agro dominicano. Pues bien, destrujillicemos el país reparando en alguna forma la injustia cometida contra esos campesinos trasquilados. Los nombres de las victimas de esos atropellos se conocen y por ahí andan los instrumentos que abogados inescrupulosos realizaron para dar aspecto de adquisición legítima al despojo. También se sabe de muchos testamentos que fueron falsificados por los abogados de la dictadura y de iniquidades como la que se consumó a raíz de Cayo Confites en perjuicio de algunas familias dominicanas, como la de Niño Alfonseca. Para satisfacer la voracidad de ciertas togas, encubridoras de falsas reputaciones, se sabe que se llegó inclusive a confiscar la suma de RD$105,000 que la familia Alfonseca poseía en la Casa Espaillat Sucesores, y que en el reparto de ese plato de lentejas tocaron RD$3,000 a un abogado de Santiago que en más de 40 años de ejercicio profesional no ha dado la primera muestra de hidalguía ni ha escrito la primera página cívica para los anales de su ciudad nativa.

Destrujillizar significa restablecer en el país el imperio de la moral y el de la dignidad humana. Trujillo desvalorizó los hombres, humilló la sociedad, tiró a la calle el honor de muchos pergaminos familiares y se burló del respeto debido a todas las consideraciones sociales. Para esa labor corruptora utilizó principalmente el "Foro Público", tribuna de difamación política y de escarnio social, donde se mancilló con morbosa delectación, la buena fama de los ciudadanos más íntegros y donde se intrigó con la reputación de las familias más dignas.

Es inconcebible que después de más de un año de la liquidación de aquel estado de cosas, todavía se sostengan, con fondos del erario público, publicaciones oficiales o semioficiales en que se ultraje impunemente la honra de los hombres y en que se recoge, como en las alcantarillas, toda la envidia y todo el rencor que suelen afluir al alma de la sociedad cuando en ella hay algo que se desarticula y empieza a mancharse con los verdores de la descomposición moral.

Destrujillizar significa restaurar los fueros de la ley para que la libertad individual no siga a merced del espionaje y sometida a la barbarie de la policía secreta. Peor que las cámaras de tortura de "La Cuarenta", expresión no sólo de la brutalidad sino también de la debilidad de un régimen ya en decadencia, son los organismos judiciales ad-hoc que se utilizan como instrumento de venganza política. Poco se ha avanzado en ese camino, porque si es cierto que ya los hombres no desaparecen de sus hogares, misteriosamente raptados por los agentes del Servicio de Seguridad, no es menos cierto que todavía se realizan allanamientos caprichosos y que todavía se mantiene la odiosa maquinaria de los espías a sueldo, de las listas negras elaboradas con sentido estrictamente político y la de las deportaciones encubiertas y no siempre inspiradas en razones plausibles. Peor, mucho peor que eso: aún no ha desaparecido la práctica, tan grata a la dictadura, de los expedientes intimidativos, como el de la amenaza sistemática y como el de la persecución por supuestas tenencias de armas o por motivos tan especiosos como el del nuevo delito resucitado por la maledicencia oficial o semioficial: el de la asociación de malhechores.

Destrujillizar significa entregar al pueblo los monopolios de la dictadura. ¿Quiénes están dirigiendo las empresas que se crearon para exprimir hasta la última gota de sangre a las clases humildes de la República? ¿Se han hecho públicas las nóminas de los accionistas de esas compañías extorsionadoras? ¿Se administran esos pulpos industriales en beneficio de las masas trabajadoras o en provecho exclusivo, o casi exclusivo, de unas cuantas personas adineradas? Destrujillicemos, pues, el patrimonio confiscado a la satrapía para que las operaciones comerciales sean verdaderamente libres y para que las masas pobres y hambrientas reciban de tales monopolios el beneficio a que tienen derecho y no la limosna recortada que es lo que ahora llega, a través de esas empresas, al pueblo eternamente exprimido y eternamente engañado.

Destrujillizar significa clausurar para los solaces palaciegos las mansiones, las fragatas y los yates de lujo que el césar en decadencia utilizó para distraer los ocios melancólicos de su vejez disoluta con las delicias de Caprea.

Destrujillizar significa abolir definitivamente los contratos que se suscribieron para obtener comisiones y no para satisfacer necesidades imperiosas del progreso o urgencias ineludibles de la economía nacional. Entre esas operaciones antieconómicas figuran proyectos tan descabellados como el del Canal Cristóbal, y como el de las carreteras de turismo que una compañía extrajera inició a un costo de varios millones de pesos, en zonas donde lo único que se requiere es una vía corriente que permita el acceso hasta los grandes centros de exportación de las riquezas de esas regiones productoras.

Destrujillizar significa, en fin, restablecer la tolerancia como base de las relaciones públicas y como norte de la política que se pone a diario en acción desde las esferas oficiales. Gracias a la tolerancia ha subsistido el Imperio Británico y gracias a ella pudieron llegar bajo Augusto hasta los últimos confines del mundo antiguo las águilas romanas. Trujillo olvidó esa lección de la historia incurriendo en el peor de los pecados: la soberbia.

Destrujillicemos, pues, la República, deteniendo la ola de venganzas que está fluyendo continuamente desde las alturas del poder e inundando poco a poco a toda la sociedad dominicana. La soberbia ha sido la causa principal de la desintegración de algunos de los grandes partidos que surgieron después del 30 de mayo. La soberbia puede también llevar a la República a la ruina si la destrujillización se extiende en ese aspecto a la familia, a los partidos y, principalmente, al Estado.

La destrujillización es, pues, señores, un cambio de actitud, un viraje fundamental en la filosofía y en la moral del Gobierno. Lo que el país necesita para destrujillizarse no es que cambien los empleados sino que cambie la ética de los servidores de la Administración Pública. Lo que se requiere, en una palabra, no es un cambio de hombres, sino un cambio en los hombres.

Importa mucho, en consecuencia, que los promotores de la

destrujillización no procedan como el héroe de Rabelais que estaba dispuesto a mantener su fe hasta el borde de la misma hoguera, pero sólo hasta el borde; es decir, es necesario que se llegue hasta el fondo de la destrujillización y que quienes la patrocinan no la lleven sólo hasta cierto límite; hasta el límite precisamente en que empieza a peligrar el comercio de influencias en que degeneran las oligarquías en todos los países del mundo.

Si el Consejo de Estado cumple cabalmente la obra que ha iniciado, se habrá hecho digno de una mención honrosa en la historia dominicana. Si no la realiza plenamente, y si reduce la destrujillización a un simple expediente burocrático, se habrá hecho acreedor, en cambio, a la risa y al desprecio de todos los dominicanos.

DIOS Y PATRIA *

* New York, publicado en el periódico "El Caribe", edición del 18 de septiembre de 1963.

El actual Gobierno es un régimen de fisonomía netamente revolucionaria. Nadie puede mostrarse ahora sorprendido de esa característica del equipo gubernamental que hoy dirige los destinos nacionales. Llamado a elegir entre varios candidatos, el pueblo optó por aquel que le hizo promesas más generosas y que le ofreció un programa de justicia social más avanzado. El país quería evidentemente ser gobernado por un hombre con suficiente sensibilidad social para emprender las reformas que necesitan nuestras masas desposeídas y que nadie ha sabido darles en más de un siglo de vida independiente.

Durante la campaña electoral, el Partido que actualmente controla la Administración Pública, subrayó en todos sus pronunciamientos que combatiría sin piedad el privilegio, que eliminaría el fraude de la vida pública, que sanearía el ambiente nacional y que daría los pasos necesarios para elevar substancialmente los niveles de vida de las clases económicamente desamparadas. Bosch no fue, pues, elegido para que continuara la política tradicional de las viejas banderías dominicanas. No fue respaldado por seiscientos mil votantes, pertenecientes a las más diversas categorías sociales, para que sirviera en el Capitolio de instrumento a los intereses de unas cuantas familias privilegiadas. Pero Juan Bosch no fue tampoco elegido para que cambiara desde la Presidencia de la República las estructuras seculares que nacieron con el país cuando los fundadores de la nacionalidad declararon solemnemente, en el Manifiesto del 16 de enero de 1844, que la República Dominicana se constituía como nación libre bajo un gobierno esencialmente civil, esencialmente democrático y esencialmente representativo.

Dos conclusiones se desprenden, pues, con claridad meridiana, del proceso electoral del 20 de diciembre: primero, la de que el país votó en esas elecciones en favor de un gobierno de estructura eminentemente popular, es decir, antioligárquico; y segundo, la de que el país repudió también en esa oportunidad a los personeros de la plutocracia. El pueblo dominicano, en otros términos, rechazó plebiscitariamente en las urnas todo intento encaminado a poner la dirección de la República en manos de la clase que representa en el país, que ha representado siempre en el país, que lo representó inclusive durante la Era de Trujillo, el poder social aristocratizante y el poder económico egoísta y retardatario. Tan inicua e insoportable apareció en aquel momento ante los ojos del pueblo la tiranía de un caudillo, como la tiranía del círculo de judíos que encarna la flor y nata de la usura dominicana.

Esta es la única interpretación lógica de la actitud del pueblo en el proceso electoral recién pasado. Ni gobiernos de extrema izquierda ni gobiernos de extrema derecha; ni regímenes comunistoides ni regímenes plutocráticos de fisonomía ultraconservadora. Lo que el pueblo dominicano desea, según se infiere de la forma en que se manifestó su voluntad en las urnas del 20 de diciembre, es un gobierno como el que el Partido Revolucionario Dominicano prometió al país durante la campaña eleccionaria: un gobierno dotado de verdadera conciencia social para imponer las reformas que reclama la situación en que se debate angustiosamente nuestra clase media, y en que languidecen y se desgastan nuestras masas campesinas; un gobierno con sentido nacional, para que se ponga término a las persecuciones, para que cesen las venganzas políticas y para que surja al fin en el país un clima de convivencia democrática; un gobierno con suficiente espíritu de rectitud para acabar con el fraude y el peculado en la Administración Pública; un gobierno de brazos abiertos para que no haya entre los dominicanos vencidos ni vencedores; un gobierno con una noción justa de lo que significa un estado de derecho, para que los ricos no sean despojados de lo suyo y para que los pobres tengan, sin embargo, la participación que les corresponde en la riqueza del país y en los beneficios que rindan sus fuentes productoras; un gobierno, en fin, que no sea capaz de hacer milagros, como el de multiplicar los panes y el de producir maná por arte de magia, pero que sí sepa promover el desarrollo económico alentando el capital nativo y ofreciendo protección y seguridad al capital extranjero.

La más urgente y la más importante de las promesas que hizo solemnemente al pueblo el partido ahora en el poder, es la de la eliminación del hambre. Para convertir ese ofrecimiento electoral en una realidad operante, se necesita crear fuentes de trabajo para los millares de hombres y mujeres que llevan actualmente en el país una existencia totalmente ociosa o vegetativa. Ahora bien: ¿Cómo encontrar ocupación para tantos brazos condenados a la inactividad forzosa? Es claro que ese objetivo no puede lograrse con medidas llamadas a ejecutarse a largo plazo, como la de la reforma agraria, ni con providencias descabelladas, nacidas de un espíritu revolucionario consciente o inconscientemente destructivo, como las que propugnan quienes abogan por la supresión súbita y radical de las estructuras tradicionales en que ha descansado desde hace cuatro siglos la organización de la familia dominicana. Para poner las llamadas "tres comidas calientes" al alcance de las clases económicamente desposeídas, lo primero que hace falta es promover el desarrollo en gran escala de nuestras fuentes de riqueza. Para que la riqueza se movilice y se desarrolle, es necesario a su vez crear en el país un clima de confianza para que el capital, tanto el nativo como el extranjero, sea puesto en actividad por la iniciativa privada. Mientras en la República se respire un ambiente revolucionario, y, lo que es peor aún, mientras se mantenga suspendida sobre el comercio y sobre la industria, como una especie de espada de Damocles, la amenaza de cambios más o menos profundos en nuestros sistemas sociales y económicos, no habrá la menor posibilidad de que se inicie una etapa de recuperación económica en la vida dominicana.

El dilema es, por tanto, sencillo: crear primero las condiciones necesarias para la promoción económica, y emprender luego las reformas sociales indispensables para que la prosperidad se reparta equitativamente entre las clases pudientes y las clases desamparadas. Alterar ese orden, dando prioridad a las reformas de tipo social de gran alcance, equivale a perder el tiempo girando en torno a un círculo vicioso. Las leyes sociales son tan tiránicas e inflexibles como las leyes físicas: el día tiene que preceder a la noche con la misma precisión con que la siembra tiene que preceder a la cosecha.

En el país hay ahora más hambre que nunca, hay más desnudez que nunca, hay más menores abandonados que nunca, hay más hombres sin destino y hay más escasez que en ninguna otra época de la historia dominicana. Es cierto que la podredumbre y la miseria permanecieron ocultas durante la Era de Trujillo. Pero también es cierto que el país ha vivido durante los dos últimos años en la anarquía. Las energías que no ha consumido a lo largo de ese lapso en algazaras, las ha dispersado en actividades politiqueras. Es cierto, por otra parte, que en los últimos tiempos se ha registrado un alza extraordinaria en los salarios de la masa trabajadora. Pero también es cierto que todo ese bienestar se ha reducido a los trabajadores azucareros y a aquellos que devengan salarios decentes en las corporaciones del Estado y en las empresas privadas. La miseria continúa batiendo y degradando a la inmensa mayoría de la población, es decir, a aquella que no ha encontrado refugio en las industrias sostenidas por el capital privado ni en las empresas mal habidas que se han reincorporado últimamente al patrimonio colectivo.

La guerra contra la miseria, la lucha por la conquista de las "tres comidas calientes", es hoy, pues, más imperativa, más urgente, más necesaria que en cualquier otra época de la historia del pueblo dominicano. Las medidas que se han propuesto hasta ahora para combatir la miseria y para vencer al hambre, tienen el doble inconveniente de haber hecho más aguda la crisis económica nacional y no haber mejorado, en cambio, la situación de las numerosas familias dominicanas que viven gracias a las limosnas de "Caritas" y las dádivas de la Alianza para el Progreso. La llamada Ley de Confiscaciones, constituye una amenaza de expropiación general de la propiedad privada, y sólo ha servido para difundir en el ánimo general la impresión de que esa medida forma parte de una serie de expedientes encaminados a dotar al comunismo del arma que necesita para sus planes de dominio gradual del pueblo dominicano. En el mismo caso se halla la ley sobre la plusvalía. Las demás providencias, como las que tienden a modificar el régimen del matrimonio y a alterar los principios seculares en que descansa la familia legítima, son armas que pertenecen al arsenal de la lucha de clases más bien que armas pertenecientes al arsenal de la guerra contra la miseria. Semejantes panaceas no tienen la virtud de multiplicar el pan ni de producir el maná que espera con ansia nuestra niñez desnutrida, pero siembran, en cambio, el rencor en el alma de los pobres agitando ante los ojos de las multitudes hambrientas el estandarte de la justicia igualitaria.

Pocos momentos más propicios que el actual para la realización de las reformas sociales que espera con angustia nuestro pueblo; nuestro pueblo eternamente engañado, menospreciado, pisoteado, escupido. El impacto producido por el temor al comunismo, crea el ambiente necesario para la implantación de esa obra de justicia distributiva con la cooperación del propio sector que está llamado a soportarla. Nuestras clases capitalistas observan hoy una actitud favorable a esa empresa reivindicadora. ¿Qué falta entonces para hacer viable la promesa de las "tres comidas calientes"? Cambiar el sistema seguido hasta ahora: es decir, no hacer justicia social para repartir rencores sino hacer justicia social para difundir y para propagar riquezas. El primer paso en esa vía consiste en la obligación que tiene el Gobierno de ofrecer garantías a las personas y a las empresas en cuyas manos descansa la responsabilidad de la producción en el campo de la iniciativa privada. Entre esas garantías figura en primer término el clima de seguridad no sólo física sino también moral que el comercio y la industria requieren para el ejercicio de sus actividades lucrativas. No es el auge alcanzado por el comunismo el causante de que ese clima de confianza haya desaparecido. No. El comunismo es un enemigo cuyas intenciones y cuyas artes son conocidas del mundo entero. El país no ignora que lo que el comunismo persigue es destruir los moldes en que se vació originalmente la República, introduciendo reformas más o menos profundas en el status de la propiedad individual y aboliendo parcial o totalmente las jerarquías sociales. Tampoco desconoce el país las mañas de que se vale para alcanzar su objetivo ese monstruo de mil cabezas: aquí vierte su veneno mortal en el alma de la masa trabajadora; allá acerca a los labios de la juventud su copa de hiel que tiene los bordes azucarados, y en todas partes trabaja en silencio para convertir en una base de arena la roca en que descansan la familia y las instituciones. Pero si el país conoce los planes del comunismo, el país desconoce, en cambio, los planes del equipo gubernamental que hoy dispone de los destinos nacionales. ¿Cuál es el contenido y cuál es el alcance del programa revolucionario del Gobierno? ¿Qué reformas de tipo social se propone llevar a cabo? ¿Y hasta qué punto, en fin, podría cambiar cada una de ellas nuestras estructuras tradicionales? Así, escojamos como ejemplo el caso de la reforma agraria. Mientras el terrateniente no sepa cuál es el criterio de las autoridades acerca de lo que entiende por un latifundio, es decir, hasta que el dueño de una propiedad rural ignore cual es la porción que puede conservar y cual la que está destinada a ser dividida o confiscada, no puede tener confianza ni puede prestarse de buen grado a colaborar con el Gobierno en la realización de esa obra de justicia social.

La crisis nacional carecería de la gravedad que evidentemente tiene, si el país conociera el pensamiento íntimo del Gobierno; si no ignorara, como ignora hasta ahora, el alcance de su programa revolucionario, y si pudiera leer, como en libro abierto, el trasfondo de las ideas y de las intenciones de todos y cada uno de los pilotos que dirigen el barco donde navega hoy el destino del pueblo dominicano. Ahí, en esa incertidumbre, en esa duda, en esa nebulosa, es donde realmente se halla el talón de Aquiles de la situación nacional. Es por eso por lo que el país se mantiene inquieto, atemorizado, inseguro. Esa es la causa profunda de nuestra crisis; ese es el origen del sentimiento de inseguridad que gravita como una lápida sobre la economía dominicana. Esa es la razón de ser de la huida de los capitales nativos y de la renuencia del capital foráneo a invertir en nuestro suelo. Esa es, en una palabra, la fuente principal, si no la fuente única, de donde surge el temor, de donde brota el hambre, de donde se nutre el desempleo, de donde germina la confusión y de donde nace la zozobra.

Resulta inconcebible que al cabo de siete meses de régimen constitucional, el país ignore qué clase de Gobierno es el que tiene: si un Gobierno izquierdizante cuya labor consiste en ablandar el ánimo público y en preparar gradualmente el terreno para el advenimiento de un sistema comunista típico, o si un Gobierno dominado solamente por la noble ambición de realizar la auténtica revolución social que nuestras masas reclaman para liberarse de la injusticia, del privilegio y de la iniquidad de la explotación económica. En la política contradictoria y vacilante de los actuales directores de la cosa pública, caben por igual las dos interpretaciones: porque si ciertas medidas, como la del recorte presupuestal y la del saneamiento financiero, dan la impresión de un régimen honesto inspirado en un ideal patriótico, otras, en cambio, como la de la tendencia a establecer un partido oficialista y como la de las amenazas con que se intenta disolver el principio de la propiedad privada, hacen pensar en un gobierno dispuesto a sacrificar la República en aras de su egolatría revolucionaria.

Los hechos siguientes prueban hasta la saciedad que la crisis actual obedece a un factor de orden moral más bien que de orden económico: primero, los Estados Unidos han suministrado al país, en los últimos años, más de cien millones de dólares en préstamos y en ayudas de todo género; segundo, desde el 19 de noviembre de 1961, fecha en que la familia Trujillo fue echada del territorio nacional, el país dispone anualmente de otros cien millones, suma equivalente a la que ese clan de expoliadores sustraía cada año a la economía de la nación, y, tercero: la venta de las dos últimas zafras a precios bonificados, cuatro veces superiores a los más altos precios alcanzados por nuestro primer producto de exportación durante toda la Era de Trujillo, ha dado lugar a un ingreso de no menos de doscientos millones adicionales en el lapso comprendido entre enero de 1962 y septiembre de 1963. Agréguese a todo eso el producto del imperio arrebatado a los personeros de la Era de Trujillo. La mejoría que el país ha experimentado, como consecuencia de esos hechos, no corresponde a la cuantía del ingreso global incorporado en los dos últimos años a la economía dominicana. Nuestra crisis es, pues, principalmente una crisis de confianza, hija, por una parte, de una administración descuidada y de un exceso de politiquería, y producto, por otra parte, del malestar que la inestabilidad política y la indefinición del Gobierno proyectan sobre el mundo de las actividades privadas.

Una cosa es obvia: la crisis nacional requiere una solución urgente. Dos fórmulas se vislumbran para salir de semejante estado de cosas: un entendimiento patriótico entre la oposición y el Gobierno, sobre la base de un estudio constructivo del programa a que debe sujetarse la revolución social que el Presidente Bosch patrocina, y que la inmensa mayoría de los dominicanos queremos y apoyamos; o, en último caso, una rectificación firme y honesta que ponga otra vez en manos del Presidente de la República el estandarte que él mismo desplegó durante la campaña comicial y que fue luego sostenido y aclamado por el voto de seiscientos mil electores. Sobre ese estandarte está escrita esta palabra: CONCORDIA, y esta consigna: la Patria por encima de la Constitución revolucionaria, y, por encima de la Patria: Dios.

LA VOZ DE LAS URNAS *

* New York, publicado en el periódico "El Caribe", edición del 9 de noviembre de 1963.

Nos hallamos en una hora crítica en el destino del pueblo dominicano. La situación era hasta ayer confusa. Hoy es casi caótica. Mañana es posible que en vez de las aves agoreras de la confusión y el caos, se cierna sobre el país una nube de catástrofe. Pero precisamente, cuando las crisis son más graves, cuando ya parece inminente un desenlace fatal, es cuando es más imperiosa la reconciliación y cuando el espíritu de los hombres se hace más receptivo a la concordia y a la transigencia.

La mejor prueba de la gravedad de la hora es que la división ha asomado en el seno de las propias Fuerzas Armadas. El brote de sedición descubierto en el interior del país es un signo ominoso. La República, aunque dividida y violentamente zarandeada por las pasiones políticas, puede mantenerse en pie mientras cuente con un Ejército sólidamente unificado. Poco importa que los partidos se combatan con encono y que en la plaza pública prevalezca la locura. Eso es lo propio de la democracia aun en países de espíritu más maduro que el nuestro. Las divisiones provocadas por las diferencias de ideologías políticas pueden retardar el progreso del país y hacer más difícil la reconstrucción nacional, pero no destruyen la República ni alteran sus bases fundamentales. Pero cuando no son las facciones civiles sino las fuerzas castrenses las que se entregan a la indisciplina y la discordia, es porque ya las raíces del mal han profundizado tanto que se aproxima la hora del desastre y la hora de la disolución de las instituciones.

No es, pues, inútil insistir en la necesidad de que las Fuerzas Armadas permanezcan unidas. Las naciones en que se ha impuesto el comunismo han sido siempre aquellas en que los institutos castrenses han sido previamente destruidos o desarticulados. Por eso los cuerpos armados constituyen el objetivo principal de los partidos de izquierda en donde quiera que el comunismo internacional monta su maquinaria de propaganda e inicia con ella su labor subversiva. Ese fue el caso de Polonia y el de todos los países sojuzgados en la Europa oriental por la barbarie comunista. Ese fue también el proceso que se siguió inexorablemente en Cuba. Las Fuerzas Armadas han sido asimismo el blanco contra el cual el comunismo dominicano ha dirigido sus flechas más venenosas. Algunos partidos de ideología conservadora han incurrido en el error de secundar esa política disolvente contribuyendo al descrédito y al derrumbamiento moral de los miembros de los cuerpos armados. El documento hecho público el 11 de agosto de 1961 por los líderes de la Unión Cívica, hubiera llevado la República a un desastre si la campaña contra el Ejército que desató en la radio y en la prensa de oposición ese gesto demagógico, evidentemente extemporáneo, no hubiera sido refrenada a tiempo por quienes advirtieron y denunciaron el peligro que hubiera representado para la supervivencia del país el desmembramiento de sus Fuerzas Armadas. La miopía de que padecen esos grupos, obcecados por la ambición de poder, no les permitió advertir ese peligro en la efervescencia de aquellas horas decisivas. Los acontecimientos posteriores, cuando ya los objetivos de la campaña contra el Ejército eran visibles hasta para los cortos de vista, llevaron al ánimo de los detractores de los cuerpos armados el convencimiento de que en los cuarteles se hallaban las únicas reservas de ponderación y de buen juicio con que podía contar el país para defenderse contra las embestidas de quienes pretendían destruir la República y cambiar la semblanza de la patria.

Los pensamientos de todos los partidos y de todos los dirigentes políticos coinciden hoy en cuanto a esa realidad inconclusa: la República puede salir incólume de todas las crisis menos de la que se desataría en caso de una desintegración de las Fuerzas Armadas. Por eso los intentos que se hicieron ayer como los que se hagan hoy para quebrantar la moral del Ejército o para introducir en sus filas la indisciplina y la anarquía, equivalen a actividades antipatrióticas por el peligro que encierran para la seguridad y para la preservación del pueblo dominicano. Lo que urge ahora es que la lección aprendida no se olvide. El ejemplo patriótico de los militares debe ser imitado por los civiles. El Ejército, una vez consumado el golpe que destruyó la constitucionalidad, se retiró a sus cuarteles, ofreciendo un gesto de desprendimiento que quitó a su actitud lo que podía tener de repulsiva. Semejante conducta responde a las grandes tradiciones militares de la República. Antonio Duvergé, el más puro de nuestros soldados, no es grande por la hazaña de "Cachimán" ni por el trueno de "El Número", sino por no haber jamás participado en las pugnas políticas de su tiempo ni haber manchado sus armas con una sola gota de sangre dominicana. Sólo el libertador de la Argentina puede hombrearse en ese campo con el prócer dominicano. Después de haber declinado ante el Congreso su investidura como Protector del Perú, el General José de San Martín dirigió esta advertencia a los soldados que habían combatido bajo sus órdenes en Chacabuco y en Maipú: "Hemos cumplido con nuestro deber: hacer la independencia y dejar a la voluntad de los pueblos la elección de sus gobiernos". Pero si los militares han dignificado en cierto modo su acto inconstitucional con un gesto de altura, los dirigentes políticos, en cambio, no han sabido corresponder a esa actitud con el mismo espíritu de abnegación patriótica. Hasta ahora, en efecto, el poder civil no ha hecho nada efectivo para demostrar al país sus intenciones de retener el mando durante el tiempo estrictamente necesario, para que el pueblo decida soberanamente en una nueva consulta electoral si refrenda o no a los partidos que se han hecho cargo de la dirección del Estado.

Es evidente que el Triunvirato, órgano de los partidos derrotados en la justa del 20 de diciembre, no cuenta con el respaldo popular. Expresión de un partido ya desintegrado y de una minoría de oligarcas, sin ambiente entre las clases populares y entre la juventud pensante, puede decirse que el país lo tolera solamente como una necesidad momentánea para evitar que el caos se desate hasta desembocar en un desastre de consecuencias tal vez irremediables. Pero si ese gobierno, surgido del seno de las bayonetas, se empecina en continuar en el poder sin propiciar una solución aceptable para la mayoría del pueblo dominicano, la crisis nacional se irá haciendo cada vez más honda y cada día serán mayores las posibilidades de que la ola del descontento popular llegue inclusive a manifestarse en el terreno de la violencia abiertamente subversiva. Hay una válvula de escape por donde todo el odio o todo el despecho acumulado en el corazón de las multitudes por los últimos sucesos, puede encontrar una salida airosa para todos: unas elecciones oportunas y honradas.

Existe una realidad que no puede desconocerse ni subestimarse sin graves riesgos para el futuro inmediato de la República: la de que nadie puede gobernar actualmente el país si no ejerce una autoridad libremente emanada de la voluntad popular. Para contener la ola de desórdenes que cubre de un extremo a otro la nación, para oponer un valladar suficientemente sólido al instinto levantisco de las masas que se halla actualmente desbocado, para encauzar el país por la vía de la normalidad y del progreso y para dar solución adecuada al problema de nuestra rehabilitación económica, se requiere una mano no sólo firme, no sólo ilustrada, no sólo honesta, no sólo ecuánime y no sólo movida por un amplio espíritu de abnegación y de sacrificio, sino también investida de la autoridad moral que emana del poder cuando el poder tiene el sello de la legalidad que es lo único que lo dignifica y lo único que lo fortalece. El poder es necesariamente débil y digno de repulsa cuando se trata de un poder usurpado. La fuerza bruta aniquila pero no convence; se acata pero no se respeta. Por más grande que sea la capacidad de los representantes de la oligarquía en el Triunvirato, su ejercicio inconstitucional, si se prolonga más allá de lo necesario, hará en lo sucesivo imposible todo esfuerzo fructífero para la pacificación moral del país y para su reincorporación a la convivencia civilizada.

Otra realidad que no puede ser tampoco subestimada ni desconocida, es la de que los partidos que gobiernan fueron los partidos repudiados por el país en las elecciones del 20 de diciembre. "Son cosas propias de la guerra vencer o ser vencido". Pero los partidos oligárquicos quedaron en una posición tan desairada en ese certamen electoral, que para algunos de ellos el descalabro fue algo moralmente peor que una derrota: fue un ridículo. Resulta risible, en presencia de tales resultados, que esos partidos gobiernen hoy la República. Pero la política es siempre una caja de sorpresas. En ella sucede a menudo lo insólito, lo increíble, lo inesperado. No en vano aludió Meriño a los "designios inescrutables de la Providencia" para buscar explicación al asombro que causó en el país el retorno de Buenaventura Báez al poder en diciembre de 1865. Aunque el fenómeno que ha ocurrido en el país queda dentro de los absurdos y de las contingencias de la vida política, lo indudable es que los partidos representados en el Triunvirato carecen de autoridad moral para gobernar al pueblo dominicano y que el poder que ejercen no

puede en buena lógica extenderse más allá del tiempo estrictamente indispensable para la organización de la consulta electoral
venidera.

Hay otra cuarta realidad que tampoco puede taparse con un
dedo: la de que las elecciones que se convoquen para el
restablecimiento del orden constitucional, tienen y deben ser
lógicamente celebradas en las mismas condiciones de honestidad
en que se celebraron las elecciones del 20 de diciembre. Ese
torneo electoral fue calificado de ejemplar por los mismos que
hoy conducen las riendas del Estado. La Organización de Estados
Americanos, por órgano de su Secretaría General, presentó esas
elecciones como un testimonio del progreso alcanzado en
América por el mecanismo de la democracia representativa. El
señor Henry Wells, uno de los miembros de la Misión Técnica de
la Organización de Estados Americanos, ha hecho público en la
Revista "Orbis" los detalles de ese proceso electoral, con
ponderaciones laudatorias. ¿Qué objeción válida podría entonces
aducirse para oponerse a que ese acto se repita en las mismas
condiciones, y para que el pueblo dominicano sea llamado a
ofrecer un nuevo testimonio, si no de madurez democrática, sí al
menos de que es un pueblo que sabe lo que quiere y que se
encamina con firmeza a la realización de su destino, del destino
que cada uno de los ciudadanos de este país desea para sí y para
sus hijos, para su familia y para la comunidad entera?

Hay otra quinta realidad que tampoco puede ser cínicamente
preterida ni maliciosamente soslayada: la de que la Constitución
de 1962 puede pasar como un modelo entre las cartas constitucionales americanas. Las enmiendas que esa Carta Orgánica requería
le fueron introducidas por el Consejo de Estado bajo la
inspiración de la Unión Cívica y con el consenso de todos los
partidos que participaron en la consulta electoral del 20 de
diciembre. La mayor parte de las críticas que los partidos de
oposición formularon contra la Constitución que el Gobierno de
Bosch promulgó el 29 de abril de 1963, consistieron en la
afirmación de que la nueva ley constitucional, muchas de cuyas
disposiciones se consideran lesivas al régimen tradicional dominicano, era innecesaria porque la Constitución a la sazón vigente,
expurgada de todo lo que recordaba el anterior estado de cosas,
satisfacía plenamente las necesidades y las aspiraciones del país
tanto en el campo político como en el de las conquistas sociales.
Entonces: ¿Qué argumento digno de atención podría esgrimirse?

La pretensión de que el pueblo carece de civismo y que es preciso educarlo antes de que sea llamado a unas nuevas elecciones, es totalmente especiosa. El pueblo dominicano sí sabe ejercer su derecho de elegir y de ser elegido. La circunstancia de que el 20 de diciembre eligiera a hombres salidos de sus propias entrañas y no a oligarcas actuantes o a oligarcas arrepentidos, no es razón suficiente para negarle aptitud selectiva. Lo cierto es que el 20 de diciembre, gracias al secreto que rodeó las votaciones y que garantizó la libertad del sufragio, ese pueblo demostró que posee un civismo superior al de todos sus conductores políticos. Bajo un clima impropicio, cargado de amenazas y lleno de explosiones anárquicas, el pueblo se volcó sobre las mesas electorales, y cada voto tradujo el sentimiento libérrimo de los millares de hombres y mujeres que en esa oportunidad ejercieron en plenitud su derecho de ciudadanía. El dinero de la oligarquía no fue suficiente para mancillar las urnas ni para mediatizar el sufragio.

Sería antipatriótico oponerse al reconocimiento de ese hecho como lo fue sin duda oponerse, por puro egoísmo político, al levantamiento de las sanciones impuestas al país por la Quinta Reunión de Cancilleres de San José de Costa Rica. La cuarentena diplomática que padece hoy la República nos priva de la ayuda extranjera y se traduce en más hambre y en más estrechez para las clases menesterosas. No se puede ser un buen dominicano y abogar por el mantenimiento de cualquier situación que empeore la suerte de nuestra niñez desvalida, de nuestras familias sin techo, de tantos y tantos hombres condenados sin remedio a los establecimientos para tuberculosos. La treta de las tres elecciones es un recurso de picapleitos que puede favorecer las miras de determinados políticos pero que no beneficia al pueblo dominicano. Aun como maniobra política, semejante expediente tiene un valor dudoso. Es lógico que si el país se pronunció en diciembre contra la minoría oligárquica que hoy detenta el poder, con mayor razón se pronunciará contra ella cuando esa minoría se presente de nuevo ante las urnas con estas dos credenciales: la de su prestigio reducido a cero por la propia mecánica del poder que desgasta a sus detentadores, y la de la desventaja moral en que la coloca el hecho de haber desconocido y pisoteado la voluntad de las mayorías nacionales. El país, por otra parte, no puede resistir, sin grave daño para su economía, la tremenda agitación a que sería sometido por tres elecciones sucesivas.

En la conciencia del pueblo dominicano se abren hoy estos

signos interrogativos: ¿será el poder civil de facto capaz de un gesto de desprendimiento que lo coloque ante la República al mismo nivel patriótico en que su retiro a los cuarteles ha colocado a cada uno de los miembros de las Fuerzas Armadas?

LA OLIGARQUÍA POLÍTICA
Y LAS DIVISAS *

* New York, publicado en el periódico "El Caribe", edición del 17 de enero de 1964.

En el país se están registrando varios fenómenos de índole económica que atraen poderosamente la atención de los observadores imparciales. Cada uno de esos fenómenos plantea una serie de interrogaciones que carecen, a la luz de la razón, de respuestas satisfactorias.

La primera de esas preguntas es la siguiente: ¿por qué no se ha restablecido la paridad del peso dominicano con el dólar y a qué obedece la actual escasez de moneda extranjera?

Es un hecho bien conocido que desde hace alrededor de dos años la insuficiencia de las divisas de que el país dispone para su intercambio con el exterior, ha dado lugar al nacimiento de un mercado negro en que se cotiza con altas primas la moneda norteamericana. El examen de la situación económica y financiera del país demuestra que ese hecho carece de toda explicación honorable. Desde 1941, año de la creación del Banco de Reservas, el país dispuso de divisas suficientes para mantener la libre convertibilidad del peso dominicano y para llenar las necesidades de su comercio con el mundo exterior. Todavía en 1954, un año antes de la inauguración de la Feria de la Paz, empresa antieconómica a la cual se debe en gran parte la crisis que nos afectó en los años subsiguientes, el país se desenvolvía normalmente en el campo monetario y se le señalaba como una de las naciones latinoamericanas que gozaba de mayor crédito por la puntualidad con que pagaba sus importaciones. En 1955, 1956, 1957 y 1958, esa situación se mantuvo sin cambios apreciables no obstante el hecho de que la expansión del Central Río Haina y las adquisiciones que hizo Trujillo de los ingenios Barahona, Consuelo, Quisqueya, Porvenir, Amistad y Monte Llano, así como la apertura de una nueva factoría de azúcar en la común de Esperanza, dieron lugar a una enorme sangría de las divisas con que el país contaba para el respaldo de su moneda y para la solventación de las cobranzas internacionales.

Fue sólo en 1959, al surgir Fidel Castro como una amenaza para la estabilidad del régimen de Trujillo, cuando empezó el desajuste económico del país y cuando se inició alarmantemente el descenso de las tenencias del Banco Central en divisas. La causa era patente: toda la familia Trujillo, temerosa de que el régimen se desmoronara bajo el peso de los proyectos de invasión fomentados en Cuba, se dio a la tarea de sacar del país una enorme cantidad de dólares para depositarlos, al abrigo de toda contingencia, en instituciones bancarias extranjeras. Trujillo personalmente distrajo, desde aquella fecha, la mayor parte de los dólares procedentes de las ventas de los azúcares y de las mieles producidos por sus ingenios y redujo los ingresos de divisas del Banco Central a los que el Estado percibía de los centrales de propiedad privada. Las divisas correspondientes a la venta en el exterior de la cosecha anual de cacao, eran a su vez distraídas por Ramfis a través de las exportaciones realizadas por la "Chocolatera Sánchez", en cuyo beneficio se había establecido desde hacía varios años un verdadero monopolio. La "Café Dominicano, C. por A.", controlaba, por otra parte, las divisas resultantes de ese renglón básico de las exportaciones nacionales. La situación se agravó hasta adquirir visos de catástrofe, cuando se llevó a cabo un pago en dólares de los veinte millones que Trujillo había recibido del Banco Nova Scotia para la expansión de su imperio azucarero.

La escasez de divisas era, en consecuencia, un hecho explicable en el período comprendido entre 1959-1961. Pero después del 19 de noviembre, cuando ya la familia Trujillo había arrasado con todos los dólares del café, el cacao y las últimas zafras, esa sangría de moneda extranjera debió cesar automáticamente. ¿Por qué la falta de divisas, sin embargo, se ha acentuado en los años 1962 y 1963? No hay razón plausible que lo explique. Las zafras de esos dos años se vendieron a precios varias veces superiores a los más altos alcanzados desde 1922 por los azúcares y las mieles de producción nacional. Mientras Trujillo vendió a dos pesos con noventa y cinco centavos las cien libras en el mercado mundial y sólo en dos ocasiones logró una cotización de tres pesos con veinticinco centavos, en 1962 y en 1963 nuestro primer producto de exportación se benefició de un alza en los precios sin precedentes en la historia de los últimos cuarenta años de la industria azucarera. Los precios del cacao y del café, aunque en menor escala, también experimentaron alzas considerables en los dos años citados.

Téngase en cuenta, además, que la mayor parte de nuestro azúcar se vendió en 1962 en los Estados Unidos a precios preferenciales. La bonificación obtenida por el país fue de $3.20 las cien libras sobre los precios de todos los años anteriores, según el informe rendido públicamente por la Azucarera Haina, C. por A., el 13 de enero de 1963. En ese mismo informe se consigna que las ventas hechas bajo el Contrato N.º 7 a la firma Czarnikow Rionda Company fueron las más altas hechas en toda la historia de la industria azucarera dominicana.

La República debió, pues, recibir un ingreso de divisas en 1962 y en 1963 por lo menos 250 por ciento más que en todos los años anteriores.

La balanza de pagos del país, por otra parte, ha sido en los últimos treinta y cinco años excepcionalmente favorable. En uno de los períodos de rendimiento más pobre, en 1952, el saldo a nuestro favor ascendió a la suma de dieciocho millones de dólares.

En 1962, finalmente, se abrió otra fuente de divisas con la cual no había contado el país hasta ese momento: la proveniente de los préstamos hechos al Gobierno dominicano por diversas instituciones internacionales y las que se obtuvieron a través del Programa "Alianza para el Progreso". Sólo en ese año de 1962 la administración dominicana recibió, según el Cuadro Demostrativo publicado el 31 de agosto de dicho año por la Dirección del Presupuesto, la suma de ONCE MILLONES Y MEDIO en moneda norteamericana, entregada por la Agencia Internacional de Desarrollo para distintas actividades administrativas.

Salta a la vista, en consecuencia, que ha existido en los últimos años una evasión de divisas casi de la misma magnitud de la que se registró en las peores etapas de la Era de Trujillo. ¿En favor de quiénes se ha operado esa evasión de moneda extranjera? En beneficio evidentemente de la casta privilegiada que nació en el país después de la desaparición de la dictadura. Ese grupo es el que se ha dado en denominar "la oligarquía". La palabra quizás no sea correcta porque en la República Dominicana no existe como en ciertos países de sudamérica, una clase superior de origen aristocrático que domina todas las esferas influyentes del país y que tradicionalmente se ha reservado para sí la parte del león en el reparto de la riqueza pública. La base de nuestra organización, por el contrario, fue tan igualitaria, desde los primeros tiempos de la colonia, que Santo Domingo fue el primer país de América en que un manumitido de sangre africana, Tomás Rodríguez de Sosa, pudo elevarse socialmente hasta convertirse en teólogo y en orador de renombre. Pero la realidad es que el clan formado por la familia Trujillo ha sido reemplazado por otro que tiende a monopolizar los privilegios que otorga el poder y que utiliza en su beneficio casi exclusivo las facilidades que emanan naturalmente del control de las instituciones del Estado.

La oligarquía criolla, de origen profesional y mercantil más bien que aristocrático, está hoy constituida por todos los que en la República disfrutan de un privilegio de que carecen los demás ciudadanos. Oligarca es el que tiene acceso a las altas esferas oficiales y logra por ese conducto complaciente las divisas que desea para poner su capital a buen recaudo en bancos extranjeros; oligarca es el que introduce automóviles y otros artículos de lujo sin pagar los derechos aduaneros a que están obligados los dominicanos del montón; oligarca es el que ha sido investido del derecho de introducir impunemente las manos en el erario público y en las empresas confiscadas; oligarca es el que se asoció a las empresas monopolísticas de Trujillo y su familia y goza del privilegio de que sus acciones no hayan sido tocadas por las providencias confiscatorias que se han aplicado a otros ciudadanos; oligarca es el que se conduce en política como amo de la República, con calidad para disponer a su antojo de su destino como de cosa exclusiva; y oligarca es, en fin, todo el que en una forma cualquiera disfruta de situaciones discriminatorias que se hallen en discrepancia con la igualdad que la Constitución consagra en beneficio de todos los dominicanos, sea cual sea su origen, su clase, su apellido y su oficio, y sea cual sea su grado de instrucción o la cuantía de sus bienes de fortuna.

Las hegemonías oligárquicas son ajenas a la lucha de clases. No todos los ricos forman parte de la casta de los privilegiados. Tampoco se puede incluir en este círculo exclusivista a los comerciantes y a los hombres de empresa que laboran al margen de la política y que no han puesto bajo el amparo del favoritismo oficial sus actividades lucrativas. Si hay una profesión digna de respeto es la del industrial y la del comerciante honesto. Quizás el mejor elogio que se haya hecho de esa profesión, es el que se halla condensado en las siguientes palabras de José Eusebio Caro, quien no fue precisamente un economista sino un grandísimo poeta y uno de esos paladines del ideal que han dejado más honda huella en la historia del pensamiento latinoamericano: "Si el abrazar una profesión fuese negocio de elección y de voluntad, la profesión que yo habría abrazado sería el comercio. Es una profesión independiente, moral y lucrativa. Independiente porque un comerciante de nadie depende sino de su honradez, de su actividad y de sus cálculos. Moral, porque el comercio contribuye a desenvolver todos los hábitos de orden, de frugalidad y de economía. Lucrativa, porque en el comercio es donde regularmente se han acumulado las grandes fortunas y es la carrera cuyo horizonte presenta más halagüeñas y largas perspectivas para una ambición honrada."

Hay un tipo de oligarca que merece una mención separada. Es el del político arribista y deshonesto. De todos los que componen la minoría oligárquica de los explotadores del país, el más vil y despreciable es el que se ampara de su investidura oficial para enriquecerse a costa del Estado. Este es el privilegiado que sube más fácilmente. Es el que con mayor rapidez pasa de la indigencia a la prosperidad, de la estrechez al boato. Su bienestar no sólo ofende por la inmoralidad de los medios empleados para adquirirlo, sino también por la falta de recato con que se exhibe ante los mismos con cuyas lágrimas ha sido criminalmente amasado. La oligarquía política es hoy la peor plaga del pueblo dominicano. A ella se deben los grandes males que hoy sufre el país: desde el alto costo de la vida hasta el mercado negro que se realiza en las propias puertas de los bancos oficiales.

LA AMNISTÍA Y LA RECONSTRUCCIÓN NACIONAL *

* New York, publicado en el periódico "El Caribe", edición del 9 de febrero de 1964.

El problema que agobia actualmente al país es, ante todo, un problema de orden moral: los dominicanos nos hallamos divididos por las barreras de odio que levantó entre los diversos miembros de la familia nacional la Era de Trujillo, y por las que fabricaron a su vez los hombres que a partir de la liquidación de aquel régimen asumieron la misión de encauzar por nuevos rumbos la vida dominicana.

El odio que roe los hogares dominicanos, que desarticula y separa a los distintos núcleos de nuestra sociedad, es tan nefasto como la miseria que azota a la inmensa mayoría de la población del país. La unión de esos dos factores, el uno moral y el otro físico, llevarán la República inevitablemente a la ruina si no intervienen, como ha sucedido varias veces en el curso de nuestra historia, fuerzas sobrenaturales que la detengan a pocos pasos del abismo.

No es esta la ocasión para señalar la responsabilidad que incumbe en esa situación a los partidos que enarbolaron en la última campaña electoral el estandarte de la venganza, abogando por una política de retaliaciones contra los llamados personeros de la Era de Trujillo y requiriendo una purga en la alta jerarquía de las Fuerzas Armadas. Admitamos que todos hemos contribuido, en mayor o menor grado, al advenimiento de este estado de cosas. Para que la lucha de clases importada en las postrimerías de 1961, prendiera con tanta fuerza en nuestras masas pobres, aun en la clase campesina, era preciso que el terreno hubiera sido antes abonado por los dirigentes que a raíz de la caída de la tiranía invadieron la plaza pública para hablar a las multitudes con el lenguaje lleno de rencor con que han hablado siempre los grandes resentidos.

El divisionismo que fomentó en la sociedad dominicana el régimen de Trujillo se hallaba reducido a los sectores que fueron perjudicados por los excesos del Servicio de Seguridad, y a las personas a quienes se infirió algún daño de orden económico en beneficio de la familia gobernante. El odio se generalizó verdaderamente cuando las brujas de Macbeth irrumpieron en el escenario político y comenzaron su tarea diabólica pronunciando palabras llenas de hiel al oído de las masas desprevenidas y de las juventudes candorosas. Juan Bosch advirtió los alcances de esa práctica divisionista cuando aún se hallaba en el exilio. Cuando en octubre de 1961 viajé a NewYork para pronunciar ante las Naciones Unidas el primer discurso en que se abogó, desde un foro mundial, por el respeto a los derechos intangibles del ciudadano dominicano, recibí en el Hotel Carlyle la visita de Juan Bosch y la del Canciller de Venezuela Dr. Marcos Falcon Briceño. Invité entonces a Bosch a reintegrarse al país y le ofrecí todas las garantías que me era dable ofrecerle para que terciara al frente de su partido en las próximas luchas electorales. Esas mismas garantías le fueron solemnemente reiteradas por conducto del Ministro de Relaciones Exteriores venezolano. En el curso de la conversación que sostuvimos en esa oportunidad, Bosch analizó la situación del país con perspicacia asombrosa, y adelantó este juicio que los hechos sacaron más tarde verdadero: "Lo que se ve venir en la República Dominicana –sentenció– es una lucha de clases". Efectivamente, el Jefe del Partido Revolucionario Dominicano orientó inteligentemente su campaña electoral en ese sentido y cosechó en el terreno que otros menos sagaces que él habían inconsultamente abonado: capitalizó las cizañas ajenas y convirtió la lucha de clases en el caballo de batalla sobre cuya grupa llegó algunos meses después a la Primera Magistratura del Estado.

Ahora nos hallamos en presencia de un país carcomido por dentro y por fuera: roído interiormente por el odio y exteriormente arruinado por la pobreza.

La eliminación de la miseria no es obra que puede reclamarse al Triunvirato, régimen espurio que adolece, por razón misma de su origen y de las influencias oligárquicas que limitan el radio de sus actividades, de una incapacidad total para afrontar y resolver ninguno de los grandes problemas nacionales. Pero el Triunvirato, precisamente porque se trata de un régimen provisional y de una entelequia que sólo se mantiene en pie porque se recuesta sobre un muro de bayonetas, podría emprender una cruzada contra el odio y sujetar ese jinete apocalíptico que tantos destrozos está llamado a causar al país si no surge una fuerza moderadora que lo detenga en su carrera desenfrenada.

La promulgación de una Ley General de Amnistía sería una contribución positiva del Triunvirato a la pacificación del país. Para que llene sus fines y sirva para unir y no para separar todavía más a las diversas tendencias que hoy libran una lucha encarnizada en el escenario político nacional, esa providencia tendría que abarcar a todas las personas, sean civiles o militares, que hayan participado en actividades políticas en pugna con las leyes desde 1930 hasta el día en que la ley sea promulgada. Los jóvenes que participaron en las acciones subversivas del mes de diciembre de 1963, merecen que se les ofrezca la oportunidad de rectificar su error porque su gesto, aunque haya tenido sólo un valor romántico, ha servido para demostrar a las nuevas generaciones que el país, escarmentado por casi tres años de violencia, sólo se halla hoy en disposición de acompañar a quienes se envuelvan en la bandera de la paz para ofrecerle soluciones constructivas.

Es posible que las patrullas de la Policía y las de la Aviación y el Ejército hayan cometido a su vez excesos censurables. Pero también ellas tienen que ser juzgadas con tolerancia porque las extralimitaciones en que hayan incurrido responden en esencia al espíritu de los pronunciamientos hechos por el Poder Civil, especialmente por la circular de la Secretaría de Interior y Policía del 7 de octubre de 1963, y al de los comunicados del Partido Oficial, emitidos a través de la llamada "Acción Dominicana Independiente". Si hay alguien responsable de esos actos de salvajismo es, en último término, el equipo que anunció, al asumir el poder, su intención de aniquilar todo acto reñido con el orden sin escrúpulos y sin contemplaciones.

Las únicas personas que podrían ser legítimamente excluidas de una Ley General de Amnistía serían los miembros de la familia Trujillo, y las que han realizado últimamente actos de terrorismo en que hayan perdido la vida seres inocentes.

Después de la desaparición de Trujillo, el país debió entrar en una etapa nueva gracias a un olvido completo de todo aquel pasado. Había razones suficientes para cerrar aquella página llena de manchas y abrir en su lugar otra limpia de borrones. La casi totalidad de los dominicanos asumieron de hecho esa actitud en los primeros momentos, impulsados sin duda por un sentimiento de culpabilidad colectiva. Pero hubo personas en quienes despertó de súbito una ambición largamente contenida. En el ánimo de estos políticos frustrados se impuso la idea de que nuestro país es un país sin memoria. Y en vez de aglutinar voluntades para la reconstrucción de la República sobre el sentimiento de la concordia y la solidaridad nacionales, se dieron a la tarea de fomentar el divisionismo en el alma del pueblo y apelaron al odio para que el odio soltara sobre las multitudes sus musas vociferantes. El viento que sembraron se ha convertido, al correr de los días, en la actual tempestad, y sus rencores se han extendido hasta transformar la República en un campo de cizañas.

El pasado seguirá vivo mientras nos empeñemos en separar a los dominicanos con paredes de odio. Hay una sola manera de enterrar ese espectro: hacer que los sentimientos de concordia que se pregonan en tarjetas y en discursos, se hagan realidad en una ley de amnistía que ponga fin a las venganzas, a los encarcelamientos arbitrarios, a las deportaciones y a la suspensión indefinida de las garantías constitucionales.

Ningún escrúpulo de orden moral, fundado en la injusticia en que se incurriría amparando bajo una manto de perdón toda la sangre que se derramó por motivos políticos durante la Era de Trujillo, puede oponerse a una medida como la mencionada.

¿Es que acaso hay alguna diferencia entre las masacres de 1959 y las de 1963? ¿En qué difiere el gesto de Trujillo cuando amenazó extinguir a sus enemigos haciendo "volar sus sesos como mariposas", y el gesto del Triunvirato cuando proclamó, por órgano de la Secretaría de Interior y Policía, que los autores de toda infracción del orden público serían perseguidos sin cuartel y aniquilados sin contemplaciones? Ambas actitudes responden al mismo concepto totalitario de la autoridad y son reflejo de la misma filosofía: la del terror.

¿Qué sentido tendría, por otra parte, una persecución judicial que hasta ahora se ha mostrado impotente para descargar el peso de su sanción sobre la cabeza de los verdaderos culpables? La justicia sólo es justicia cuando se mide a todos los delincuentes con la misma vara. Si se fuera a separar los verdaderos inocentes de los verdaderos pecadores, medio país tendría que ser llevado ante las barras de los tribunales. Más vale, pues, olvidar que remover toda esa escoria. Sólo con sus olores tendría la República para aparecer ante el mundo como un sepulcro blanqueado. Si se quiere paz, paz verdaderamente constructiva, lo saludable sería empezar de nuevo. Porque lo cierto es que en el país no habrá concordia ni habrá sosiego moral mientras haya dominicanos que se empeñen en que marchemos hacia el porvenir con un cadáver a cuestas: el pasado.

Nada conseguiríamos, por otra parte, con castigar a unos cuantos verdugos si la filosofía en cuyo nombre esos verdugos asesinaron y robaron, continúa en pie como una fuente inexhausta en que se sigue inspirando la vida dominicana. ¿No seguimos viviendo acaso bajo la misma atmósfera política y la misma atmósfera moral que abominamos en la Era de Trujillo? Nos horrorizamos ante aquella Edad de Piedra, pero, a pesar nuestro, incurrimos en sus mismas faltas, mantenemos sus mismos sistemas, repetimos sus mismos errores.

Una amnistía general sería el primer paso positivo que se daría para convertir otra vez la República en el hogar amoroso de todos los dominicanos. Una medida de esa naturaleza podría abrir además el camino para una solución patriótica de la crisis dominicana: por ejemplo, para una candidatura nacional verdaderamente apolítica.

SALDO NEGATIVO *

* New York, publicado en el periódico "El Caribe", edición del 13 de febrero de 1964.

Entre las cosas curiosas que refiere el famoso antropólogo Malinowski figura la conversación que sostuvo en plena selva con el jefe de una tribu en la Nueva Guinea. El sabio le habló en tono patético al salvaje sobre las grandes batallas que se habían librado y sobre los millones de hombres que habían muerto en la primera guerra mundial. Al concluir Malinowski su relación, el caníbal lo abrazó exclamando lleno de alegría: "¡Qué bien deben estar comiendo ahora!" Horrorizado ante aquella salida, el antropólogo trató de hacer entender a su interlocutor que en Europa los hombres no guerreaban para comerse mutuamente. "Se lucha –subrayó el explorador– por principios, por ideales". El bárbaro neoguineo oyó con tranquilidad sus explicaciones, y al final le hizo al hombre civilizado esta pregunta llena de sabiduría: "¿Y si no se los van a comer, por qué los matan?" Bernard Shaw, en una de sus grandes obras teatrales, en "Santa Juana", refiere que otro jefe salvaje de las islas Marquesas, a quien se le habló de la muerte de Juana de Arco en una hoguera, hizo al narrador una pregunta análoga: "Pero si no se la iban a comer, ¿por qué la asaron?"

El pueblo dominicano, al igual que estos filósofos en estado de naturaleza, ha tenido también que preguntarse muchas veces, a propósito de la muerte de Trujillo: "Si era para seguir haciendo lo mismo, entonces ¿para qué lo mataron?"

Después de casi tres años de la desaparición de la Era de Trujillo, el país no ha dado un solo paso de trascendencia en el camino de su reconstrucción moral y de su rehabilitación económica. Dos tareas se imponían para llevar a cabo esa empresa patriótica.

Primero: la de eliminar todo lo que en aquel régimen constituía una afrenta para la dignidad individual del ciudadano dominicano o un obstáculo para el funcionamiento en el país de las instituciones de la democracia representativa; y

Segundo: la de conservar y acrecentar las cosas buenas que sobrevivieron a la muerte de Trujillo y que constituyen conquistas imperecederas del pueblo dominicano.

La primera tarea, la de la reestructuración democrática de las instituciones dominicanas, era la más difícil pero al propio tiempo la más urgente y la más imperiosa. En este campo, sin embargo, la labor de los gobiernos que en los últimos tiempos se han turnado en la dirección de la cosa pública, ha sido casi totalmente negativa. El primer paso en esa vía, tenía que consistir en la reorganización de nuestras instituciones judiciales. No hay democracia posible, no hay siquiera sociedad civilizada, donde no existe una justicia independiente. Sin Cortes y Juzgados verdaderamente libres la democracia nacional seguirá siendo una meta cada día más remota y una mentira tan burda en el fondo como lo es la del respeto a los fueros de la libertad individual en los regímenes unipersonales. Sin embargo, hasta ahora no se ha intentado siquiera crear la Carrera Judicial y establecer el principio de la inamovilidad de los jueces. Es más: todavía no se ha hecho la primera selección cuidadosa y verdaderamente apolítica para organizar la judicatura dominicana.

La segunda de esas grandes reformas debió lógicamente tender a organizar la administración pública mediante el establecimiento del Servicio Civil y de la Carrera Administrativa. Por el contrario, lo único que se ha hecho en ese sentido es resucitar una institución de nuestra política arcaica que constituye una negación de los principios más elementales de la democracia: la del reparto de los empleos entre los partidos gubernamentales. Hemos conocido una novedad de triste recordación en este campo: la aplanadora, máquina antidemocrática por excelencia que Juan Bosch utilizó con un nuevo nombre pero que en realidad ha funcionado sin interrupción después de la muerte de Trujillo bajo la inspiración de las agrupaciones políticas que han llegado al poder con todos los vicios y con todas las lacras del antiguo "Partido Dominicano".

Poco es lo que se ha hecho asimismo, en los últimos tres años, para establecer en el país un régimen de convivencia armoniosa. Las puertas de la República siguen cerradas para muchos dominicanos. Los métodos del estado policial continúan imperando sobre los del sistema democrático. Aun principios tan sagrados como el del "Habeas-Corpus", siguen siendo una abstracción para los perseguidos políticos. Nuestras instituciones fundamentales continúan siendo tan imperfectas en la mayoría de los casos como lo eran bajo la dictadura que terminó el 30 de mayo de 1961. Aún no se vislumbra en el horizonte, en un palabra, el advenimiento de un verdadero estado de derecho.

Si en el campo político y en el institucional no hemos creado nada positivo, es todavía menos lo que hemos hecho para conservar y acrecentar el patrimonio que el puño de acero de Trujillo amasó con la sangre del pueblo dominicano. "Quitad la sangre y debajo quedará la verdad", decía Lamartine de la obra de quienes labraron entre guillotinas y cadalsos el monumento imperecedero de los Derechos del Hombre. También en la obra de Trujillo existe, cubierto por un velo ensangrentado, un aspecto duradero. Poco importa que esas realizaciones hayan sido posibles gracias a la implantación de una disciplina para perros. Las obras públicas, sea quien sea su promotor, pertenecen al acervo de los tiempos y constituyen el legado de todas las generaciones. El precio de esas conquistas fue sin duda el de la dignidad nacional que se perdió a través de un largo proceso de degradación colectiva. Pero el papel de los gobiernos que se turnen en la dirección de los destinos patrios, no consiste en menoscabar y destruir sino en mantener y acrecentar esas ganancias materiales. La anarquía en que hemos vivido y el falso concepto que ha prevalecido acerca del destino y conservación de esas obras, ha dado lugar a que las carreteras se hayan reducido a polvo, a que los canales de regadío permanezcan abandonados, a que la labor patriótica que se llevó a cabo para nacionalizar las fronteras se haya interrumpido, a que la deuda pública externa haya vuelto a aparecer como una amenaza creciente sobre el futuro del pueblo dominicano, a que la agricultura haya caído en una especie de colapso ruinoso, a que se acentúe el éxodo de los niños en la mayoría de las escuelas rurales y a que una ola general de indisciplina y de holgazanería se haya extendido sobre la población de la República comprometiendo el porvenir de la Nación y mermando alarmantemente la capacidad de sus fuentes productivas.

El potencial industrial de las empresas confiscadas, entregado irresponsablemente a la voracidad de los partidos políticos, se ha convertido en uno de los más arduos problemas de la economía dominicana.

Los problemas que heredamos de la Era de Trujillo permanecen, por otra parte, sin solución adecuada. Todavía no se ha elaborado siquiera un plan científico para las reformas sociales que el país necesita y de cuya realización depende en gran parte la futura estabilidad del pueblo dominicano. Nuestros aranceles siguen siendo un adefesio y nuestro régimen tributario en general continúa siendo una realidad anacrónica. El país sigue lleno de punta a punta de casas de prostitución y de menores abandonados. La reforma agraria camina con lentitud porque sólo se utiliza como un cartel para fines electorales. Cada día crece más en vez de disminuir la desproporción entre los índices de nuestra densidad demográfica y los de nuestros bajos niveles educativos.

Este balance negativo carece de justificación. La vitalidad económica ofrece posibilidades asombrosas. Tres años de locura política y de mala administración no han sido suficientes para quebrantar la economía dominicana. La tasa del crecimiento económico del país, según los estudios confidenciales hechos recientemente por el Banco Interamericano de Desarrollo, fue superior en la década 1950-1960 a la de la mayoría de los países latinoamericanos. Actualmente constituimos en la América Latina el caso paradójico de un Estado rico que puede darse el lujo de votar un presupuesto de casi 190 millones de pesos y de un país paupérrimo con la inmensa mayoría de su población desnuda y mal alimentada.

Las cosas positivas que se han hecho en el país en los últimos tres años se deben exclusivamente a la iniciativa privada. Tres realizaciones extraordinarias han surgido últimamente en Santiago como un reto a la anarquía en que el país se destroza y a la indiferencia de las autoridades ante el desbarajuste colectivo: La Universidad Católica del Cibao, obra sin par de la Iglesia que ha sido siempre en nuestra historia no sólo una sementera de cultura sino también una fragua de patriotismo; el Instituto Superior de Agricultura, tan importante en su campo como la Casa de Estudios que difundirá entre la juventud de una vasta zona de la República los ideales de la cultura cristiana, y la nueva fábrica de cigarrillos "La Aurora", empresa de otra índole pero digna también de ser señalada a la atención pública como testimonio de la intrepidez con que nuestros hombres de negocios se sobreponen a las contingencias e incertidumbres del presente para afirmar su fe en el porvenir de nuestro país y en su irrevocable decisión de alcanzar pacíficamente las metas de la convivencia democrática y de la plenitud de la vida civilizada.

Hay, pues, signos promisorios en el horizonte de la Patria. No está lejos el día en que la República encuentre la vía láctea para empezar un nuevo ciclo en su trayectoria luminosa. El principio que mueve la brújula a buscar siempre el norte es extraño a la voluntad de los hombres porque radica en una fuerza inmanente de la naturaleza. Así ocurre también con los pueblos predestinados. La aguja de su destino busca fatalmente la tierra de promisión, y es inútil que fuerzas extrañas e influencias desconocidas intervengan para desviarla hacia una ruta equivocada.

LA CONSUNCIÓN DEL SUR *

* New York, publicado en el periódico "El Caribe", edición del 16 de febrero de 1964.

El Triunvirato acaba de aprobar, para el año 1964, el mayor Presupuesto de la historia fiscal de la República. Lo sorprendente de esa Ley de Gastos Públicos, elaborada sin el más elemental sentido económico, no es el hecho de que más del sesenta y cinco por ciento de los recursos del Estado se destinen en ella al pago de servicios personales. Lo antipatriótico y extravagante en el Presupuesto de 1964 es la inclusión en él de muchas partidas totalmente superfluas y la omisión, en cambio, de otras que eran imperiosamente requeridas por la existencia en algunas zonas del país de problemas inaplazables.

El problema de mayor entidad que hoy confronta el país es el de la reconstrucción del Sur de la República. Desde hace largos meses, las Provincias de Azua, Barahona, San Juan, Baoruco, Independencia y Elías Piña, atraviesan por un estado de calamidad pública que obedece no sólo a la devastación causada en esas zonas del país por imprevisibles fenómenos de la naturaleza, sino también a la gravedad que ha adquirido la postración económica de las poblaciones del Sur, víctimas desde hace tiempo de la indiferencia de los organismos oficiales.

Una gran parte de los cultivos cafetaleros se hallan en aquella región prácticamente en ruina. Muchas fincas que antes fueron prósperas y que producían entre cuarenta y cuarenta y cinco libras de café por tarea, se encuentran convertidas actualmente en matorrales. Otras no producen lo suficiente para que sus dueños puedan llevar a cabo los trabajos de poda y fertilización necesarios después de cada cosecha. Otras, en fin, permanecen incomunicadas de los centros de consumo por falta de buenos caminos vecinales. En las zonas que no poseen siembras de café ni caña ni canales de regadío, la agricultura ha degenerado hasta tal punto que la población carece de los víveres indispensables para cubrir sus necesidades más perentorias. Hay zonas enteras en que los habitantes carecen de agua hasta para los usos domésticos. A esas condiciones de orden material que convierten la mayoría de las comunes del Sur en verdaderos eriales, hay que agregar el hecho no menos aterrador de la ignorancia en que viven aquellas poblaciones paupérrimas, pendientes del poco comercio clandestino que les es dable mantener con Haití y expuestas en lo moral a una erosión más grave que la física: la causada por la penetración en ella de los hábitos y creencias predominantes en los bajos fondos haitianos.

Es evidente que el Sur marcha hacia su consunción por agotamiento económico. Sólo en la Provincia de San Juan, tradicionalmente reconocida como uno de los graneros más ricos de la República, hay siete canales abandonados. En varios de ellos se opera con bombas, como en Rinconcito, en Río Cana y en Macasías. Un caso patético, escogido entre millares, podría ofrecer una imagen exacta de lo que está ocurriendo en las mejores zonas del sur: Amable Tono, uno de los tantos agricultores que en los últimos cuarenta años han labrado la prosperidad de Barahona, fue arruinado por el huracán "Flora". El platanal que levantó con sus propias manos y con cuyo producto había podido sostener holgadamente su familia y contribuir a la cultura dominicana con el acervo de cuatro hijos profesionales, fue uno de los arrasados por el meteoro. La falta de un auxilio oportuno convirtió aquel huerto, al discurrir de los meses, en un campo maldito. Con la frente abatida por la adversidad, el viejo luchador optó por emigrar para que la vista de tanta desolación y de tanta indiferencia no lo matara de tristeza.

La responsabilidad de la situación que hoy impera en el Sur no recae sobre los hombres de esa zona de la República sino sobre las esferas gubernamentales. El campesino sureño representa uno de los especímenes de mayor significación física y moral en la sociología dominicana. La pobreza de la tierra y las dificultades que ofrece el medio para la subsistencia cotidiana, despeja allí la mente del hombre con mayor rapidez que en cualquier otro lugar de la República. La tierra del Sur ha producido siempre trabajadores fuertes, incansables y frugales. De allí ha salido un material humano inmejorable para las faenas penosas, desde la de arrancar al suelo sus raíces nutricias hasta la de hacer largas

jornadas a pie con los ejércitos en marcha. Siempre ha prevalecido la opinión, entre la jerarquía de los cuarteles, de que Neyba
ha dado los hombres más sufridos para los recintos militares, y
de que el recluta que llegaba de Jimaní o de Elías Piña a
incorporarse al Ejército solía ser uno de los más inteligentes y de
los más disciplinados. Pero si la materia prima es allí excelente y
sobresale a despecho de las adversidades de la naturaleza, el
Gobierno rara vez ha tendido las manos a aquellas zonas que a
través de los tiempos han permanecido postergadas. El abandono
del Sur, sin embargo, ha llegado a un punto en que no es posible
prolongarlo sin que aquellas regiones sean expuestas a perecer
por inanición o a dejar de ser dominicanas por ley de la necesidad
o por extranjerización involuntaria.

No se concibe que en un Presupuesto de casi 190 millones de
pesos, el más grande y oneroso que ha tenido el país, no haya
encontrado cabida ninguno de los problemas vitales de la
República. Hubiera sido fácil si se tratara de un gobierno con
verdadera sensibilidad social y con un sentido exacto de su misión
histórica, haber destinado los 26 millones de pesos que producirá,
según la nueva Ley de Gastos Públicos, el impuesto especial sobre
el azúcar, las mieles y las melazas, a la reconstrucción del Sur
cuyas necesidades son de carácter imperioso y no admiten
demoras ni contemplaciones. Este gravamen, originalmente
creado para la construcción de las llamadas "Villas de la
Libertad", tiene carácter extraordinario. La ley que lo estableció
ha sido recientemente modificada en beneficio de intereses
particulares. Pero, aún después de modificada con sentido
antidominicano, esa providencia ha debido lógicamente destinar-
se a la satisfacción de las necesidades que gravitan sobre el
destino del pueblo dominicano, tales como las que confronta el
Sur de la República, y no a atenciones que al lado de las primeras
tienen carácter superfluo o responden a exigencias que no son
verdaderamente prioritarias.

Repugna al sentimiento de cualquier dominicano que no esté
sumergido en el frenesí de las discordias banderizas, el hecho de
que el gobierno invierta en el capítulo de Relaciones Exteriores
cuatro millones setecientos noventa y dos mil pesos, es decir, casi
cinco millones que se despilfarran en su mayor parte en el
exterior, mientras en el Sur hay poblaciones que mueren de
inanición, entre ellas millares de niños que carecen de lo más
indispensable para la subsistencia. Un vendaval peor en sus

consecuencias que el "Flora", el de la tormenta política que ha azotado en los dos últimos años el país, ha colocado la República en una situación excepcional que exige medidas extraordinarias, providencias heroicas de efecto aparentemente trastornador pero en el fondo saludable. No hay razón lógica que explique, dentro de esas condiciones anómalas, el mantenimiento de un lujoso tren diplomático en el que hay embajadas donde el jefe de la misión, dotado como un Nabab de la India, dispone de siete mil quinientos dólares mensuales para gastos de representación. Ejemplo como éste abundan en el Presupuesto de 1964 y constituyen en él una prueba de que esa ley ha sido elaborada para una época de prosperidad y no para un período como el presente, caracterizado por la existencia en el país de problemas dramáticos y de situaciones conflictivas.

El actual Gobierno tiene contraída con el Sur una deuda de orden moral y patriótico. Durante el régimen del Consejo de Estado, del cual el Triunvirato es una simple continuación en el terreno político y en el burocrático, fue devastada la aldea de Palma Sola. Más de mil dominicanos fueron allí pulverizados en un acto de genocidio semejante, guardadas las proporciones, al que se cometió durante la segunda guerra mundial en Hiroshima. Aquella aldea mártir es hoy el símbolo de la zona del país más castigada por la crueldad de los hombres y por el rigor de las fuerzas naturales.

El tema del delirante fanático que aglomera a su alrededor una multitud poseída por el genio de la superstición, no es cosa nueva en el hemisferio americano. Euclides de Cunha, en una obra que muchos tienen como el mejor libro escrito hasta el presente en el Brasil, hizo célebre ese caso en la figura de Antonio Conselheiro, el místico rural que levantó el estandarte de una nueva creencia en el sertón, en el interior de la selva, y congregó una vasta muchedumbre en torno al ídolo selvático que preconizaba la vuelta del hombre al primitivismo del estado de naturaleza. La comunidad de Antonio Conselheiro creció pacíficamente y sólo fue perseguida cuando se declaró en rebeldía contra el orden legítimo. Entonces se organizaron tres excursiones en un empeño para reducir con métodos civilizados aquel brote subversivo. La fuerza se utilizó drásticamente en una cuarta tentativa, cuando ya no se disponía de otro recurso para someter a aquellos hombres que se habían posternado ante la fuerza natural, tal y como surge del suelo, sin que la coloreen todavía las emociones racionalizadas. En Palma Sola, en cambio, sólo hubo una excursión: la necesaria para la masacre definitiva. La historia de América, quizás la de la humanidad entera, no registra en el presente siglo un caso de brutalidad tan abominable como el de esa aldea mártir sobre cuyos habitantes cayó un castigo peor que el del fuego que aniquiló a Sodoma, y más cruel que el de la lluvia de ceniza que sepultó a Herculano.

Que el triunvirato reconstruya el Sur. Si no lo hace por patriotismo, que lo haga siquiera en pago de la deuda de honor que tiene contraída con aquella vasta zona de la República, para que borre o atenúe el crimen de Palma Sola con un gesto reparador y con una acción constructiva.

BASTA YA DE ODIO *

* New York, publicado en el periódico "El Caribe", edición del 29 de febrero de 1964.

En las postrimerías de 1940 llegué a Bogotá para iniciar una estancia ininterrumpida de casi siete años en tierra colombiana. En el solio de Santander se sentaba en aquellos días uno de los grandes hombres de pluma que han lucido con dignidad imperial las insignias del poder en aquel país de letrados. Las discusiones públicas y los debates parlamentarios giraban a la sazón sobre las controversias desatadas por la Convención que el Partido Liberal había celebrado en la ciudad de Ibagué. La prensa adicta al liberalismo destacaba entonces, como un baldón para Colombia, la muerte del Doctor Juan José Durán, abatido en Salazar de las Palmas por una ráfaga de odio fratricida. Varios oradores liberales habían pedido en la Convención de Ibagué la guerra civil como respuesta a aquel crimen político que había conmovido profundamente la opinión colombiana. El padre de la víctima, el general Justo L. Durán, presente en la asamblea, se puso inmediatamente en pie y pronunció con voz emocionada pero serena las siguientes palabras: "Yo pido que para cualquier cosa que haya que resolverse en esta Convención se prescinda del asesinato de mi hijo. Yo no quiero cobrarle la sangre de mi hijo a la Patria."

Hace algunos días circuló en el país, calzado con mi firma, un pronunciamiento que lleva el epígrafe "La amnistía y la reconstrucción nacional". En ese artículo se aboga por algo parecido a lo que el general Justo L. Durán quería en momentos de crisis para sus compatriotas: que la sangre derramada por motivos políticos no siga gravitando como un lastre mortal sobre el destino del pueblo dominicano. Hay un modo de honrar a los héroes caídos: imitar su ejemplo y hacerse digno de su sacrificio. Pero empeñarse en mantener como un memorial de agravios permanente el recuerdo de las víctimas para cobrarle su sangre no a los verdaderos victimarios sino más. bien a la Patria, intranquilizada y subvertida por el odio sistematizado, equivale a traicionar la causa por la cual se inmolaron y se siguen inmolando hoy los dominicanos que han afrontado la muerte y la persecución para asegurarse a sí mismos y para asegurar a sus hijos el derecho de vivir sin temor y en la plenitud de sus derechos constitucionales.

Es lástima que de ese pronunciamiento, hecho sin ánimo de ofender a ningún dominicano, sólo se haya visto el aspecto polémico o el lado político para prescindir de lo esencial: de la urgencia en que se halla el país de buscar a la crisis actual una solución constructiva. Hemos señalado que la amnistía es necesaria para que la República se sosiegue y para que haya al fin tranquilidad en todos los hogares dominicanos. Y hemos pedido que esa providencia tenga un carácter general para que sea verdaderamente efectiva. La conclusión planteada es sencilla y sólo requiere desprendimiento y altura en los jefes de las diversas banderías políticas: una candidatura nacional apolítica, para que en los próximos años el país disfrute de una atmósfera de seguridad y de confianza, condición indispensable para que se puedan resolver constructivamente los problemas nacionales. Pero la parte sustantiva de la exhortación a la paz a que nos referimos, ha pasado inadvertida. Y es, sin duda, que nadie piensa en la Patria sino en la satisfacción de sus propias ambiciones. La mayoría de los dirigentes políticos, dominados por sus pasiones o convertidos en simples instrumentos de minorías sin aura popular, prefieren la satisfacción de sus intereses de grupo y de sus rencores personales al bienestar de la República. ¿Pero es ésta acaso la hora del odio? ¿Es ésta por ventura la ocasión de la violencia? Por el contrario. Esta es la hora de la reconstrucción, y la reconstrucción no es posible sin un gobierno constitucional presidido por hombres que actúen por encima de las estrecheces banderizas y que sean capaces de ofrecer al pueblo dominicano lo que el pueblo dominicano ansía hoy más ardientemente: vivir bajo la protección de autoridades independientes y justas.

Se ha alegado que la amnistía no puede ser general porque semejante providencia no puede amparar a cierta clase de delincuentes como la de los calieses y como la de los verdugos de la policía secreta. Ese razonamiento sería válido si ambas instituciones no hubieran sido restablecidas. Si el territorio nacional no hubiera sido nuevamente invadido por un ejército de soplones a sueldo. Si no existiera ya la policía secreta. Si los accidentes misteriosos como el que costó la vida a Ramón Marrero Aristy, fueran una práctica ya definitivamente superada. Si la moral que inspiró al régimen pasado hubiera sido proscrita por los gobiernos que se han sucedido en el mando en los últimos años. Si la mancha de sangre que envilece las instituciones de la República no fuera, en fin, como la mancha de Macbeth, un estigma irreparable que ha sobrevivido a todos los cambios y que reaparece en todas las conmociones.

Se ha dicho asimismo que la amnistía no puede extenderse indiscriminadamente a todos los jóvenes que en los últimos meses han protestado con las armas en la mano contra la subversión del orden constitucional y contra la prolongación del gobierno de facto. Ese razonamiento es obviamente sospechoso. Todos los que se pronunciaron en el mes de diciembre, contra la amenaza de una nueva dictadura, incurrieron en el mismo delito. Poco importa la ideología de los diferentes integrantes de esos grupos subversivos. Cuando se infringe la ley y el prevenido es llevado ante los tribunales, la misión del juez no es indagar la ideología del infractor sino la gravedad del delito. La amnistía, por otra parte, a diferencia del indulto, borra la infracción con todas sus consecuencias. Sería por tanto absurdo que se elimine mediante una ley una infracción y que se condene, por otra parte, en virtud de esa misma infracción, a un grupo de ciudadanos cuyo único delito consistiría en ese caso en profesar ideas que no son las del equipo gubernamental ni las de la inmensa mayoría del pueblo dominicano.

Una voz más autorizada que la nuestra, la del Nuncio de Su Santidad, Monseñor Emmanuel Clarizio, se acaba de elevar para pedir una amnistía sin exclusiones. Esa opinión, salida desde la cátedra del Espíritu Santo, es la única sensata. No sólo lo es desde un punto de vista puramente cristiano. También lo es si se juzga con criterio estrictamente patriótico porque la amnistía constituiría un paso positivo para la solución de un problema más amplio: el de la reconstrucción del país, meta que sólo podría alcanzarse si las tensiones políticas desaparecen o se atenúan. El pronunciamiento del representante de Su Santidad revela un profundo conociminento del drama dominicano. Tal vez monseñor Clarizio no ha podido penetrar todavía, después de dos años de permanencia en el país, en el fondo de la política criolla, y descubrir las triquiñuelas, los engaños y las perfidias que se agitan en ese estercolero. Pero su admonición traduce, en cambio, una identificación total con los anhelos del país que clama de un extremo a otro por una política de concordia y por un gobierno capaz de promoverla como intérprete no de un solo sector de la opinión pública sino como portavoz de toda la familia dominicana.

Es evidente, en efecto, que la discordia interna es el principal obstáculo con que tropieza hoy la solución de los problemas nacionales. Por eso la amnistía debe ser acogida como el inicio de una nueva era en la vida del pueblo dominicano: la era de la conciliación. Si se tratara de una simple maniobra política, destinada a rodear de un falso brillo de popularidad al gobierno de facto, la medida carecería de sentido, excepto del valor que tendría como providencia de carácter humanitario. Pero si es, en cambio, como lo sugiere el representante del Soberano Pontífice, un paso conciliatorio destinado a abrir la vía para la solución total de la crisis dominicana, la amnistía dejaría de ser una obra de circunstancias para convertirse en la primera aportación a una empresa de enorme envergadura: la de la salvación nacional.

No vamos a recoger las reacciones de tipo personal que provocó en los círculos del Partido Oficial nuestro pronunciamiento anterior sobre este mismo tema. Esperábamos que el guante fuera recogido por donde debió recogerse: por la parte en que se alude a la conveniencia de buscar una solución patriótica y no partidista a la crisis nacional. No vamos siquiera a referirnos, entre esas impertinencias sin sentido, a la estúpida declaración en que se pretende negarnos hasta el derecho de hablar. Es obvio que habríamos perdido ese derecho si nuestra voz careciera de eco en la conciencia popular, o si hubiéramos profanado con un falso juramento los manes de los Padres de la Patria, o si hubiéramos salido, en fin, a la plaza pública con vestiduras de apóstol para especular con esas prendas de vestir en un gesto no menos inicuo que el de los fariseos que apelaron a los dados para hacer apuestas sobre la túnica de Cristo.

Hay dos políticas posibles ante la gravedad del momento presente. La que mantiene el país dividido por odios insentatos y preconiza la venganza, el ánimo de persecución y el interés banderizo; y la que aboga, en cambio, por la conciliación nacional y por el olvido de todo lo que pueda ser motivo de fricción en estas horas difíciles. Hay políticas amargas que parecen basarse en un concepto agrio y despectivo de la humanidad. Políticas que parecen inspiradas en rencores patológicos y en frustraciones inconfesables. Pero hay otras políticas que no se orientan hacia el pasado sino que reciben toda su fuerza de una visión optimista del porvenir. Al grito de "¡Vivan las Cadenas!", se hizo una vez una revolución en España. Al grito de "¡Viva el odio!", se pretende hacer otra en la República Dominicana. Pero la revolución que el país necesita tiene que hacerse al grito de "¡Viva la concordia!".

EL PELIGRO
DE LA DEUDA PÚBLICA *

* New York, publicado en el periódico "Listín Diario", edición del 3 de marzo de 1964.

Durante casi un siglo, desde 1867 hasta 1961, es decir, desde la estafa Harmont hasta la desaparición de la Era de Trujillo, el país vivió bajo la impresión de que la deuda pública extranjera era sinónimo de esclavitud y constituía una amenaza de sumisión a una potencia extraña. Basta citar, como prueba de esa política rabiosamente nacionalista, la tormenta que provocó, durante el gobierno del General José María Cabral, el intento de arrendar la Bahía de Samaná por la suma de dos millones de pesos; los esfuerzos que fue necesario realizar para obtener en 1907, la aprobación por el Congreso de la Convención Dominico-Americana; la campaña cívica que realizó, con el consenso de la inmensa mayoría de la población del país, el Dr. Américo Lugo para impedir la renovación de ese instrumento internacional en 1926, y el sentido patriótico que se atribuyó entonces sin la menor discrepancia, a la abolición de la deuda pública extranjera y al rescate en 1946 de las aduanas intervenidas desde hacía largos años por los Estados Unidos.

Ese concepto explicable por razones históricas bien conocidas e hijo de una época en que predominaba en la Casa Blanca la política del "Big stick", constituye ya una de las tantas concepciones de la política latinoamericana que han quedado definitivamente superadas por el descrédito de la doctrina del "Destino Manifiesto" y su suplantación por la de la "Buena Vecindad" en las relaciones de los Estados Unidos con los países situados al Sur del Río Grande. Hoy día no existe un solo país de la América Latina que no se halle ligado a Estados Unidos por el vínculo de uno o de varios empréstitos sin que a nadie se le ocurra condenar esa política como un peligro para la soberanía de las naciones deudoras. Nuestra susceptibilidad nacionalista no se siente hoy ofendida, como hasta hace algunos años, por los acuerdos de carácter internacional suscritos entre el llamado "Coloso del Norte" y cualquiera de las naciones latinoamericanas.

Pero sí han desaparecido, en lo que respecta a la República Dominicana como a los demás países de la América Latina, las razones de orden político que hacían odiosos los empréstitos, todavía siguen y seguirán por mucho tiempo vigentes los motivos de orden económico que hacen aconsejable la observancia de una política de prudencia y de moderación en lo que concierne a esta clase de acuerdos internacionales. Una deuda pública cuantiosa puede causar hoy a la economía de la nación tanto daño como el que se supuso que podía causar en otra época a nuestra independencia política. Los empréstitos no son jamás gratuitos. El prestamista cobra con puntualidad sus intereses y su rasgo de generosidad envuelve siempre, quiéralo o no, un móvil especulativo. La hora de pagar llega inevitablemente y en ese momento es difícil precisar las reacciones del que ha hecho un desembolso importante ante un deudor desaprensivo o poco escrupuloso. Aun desde el punto de vista exclusivamente político ¿quién puede asegurar que en un momento dado no va a sufrir cambios fundamentales la doctrina prevaleciente desde los días de Franklin Delano Roosevelt en la Cancillería norteamericana? ¿Quién puede garantizar que a la Casa Blanca no llegará jamás otro Teodoro Roosevelt con su política del "gran garrote"? Todo aconseja, pues, que en materia de deuda pública extranjera se proceda con cierto espíritu de cautela sin caer en las aberraciones de los tiempos en que la palabra empréstito era vista como una amenaza a la soberanía nacional y se la recibía como un signo de mediatización política.

La deuda pública dominicana ha crecido alarmantemente en los últimos dos años. El Gobierno no ha tenido el pudor cívico, para cuando menos informar detalladamente al país sobre la cuantía de esa deuda. La República desconoce los motivos que se han tenido en cuenta para contraer esos compromisos de carácter internacional. El pueblo ignora las condiciones en que la mayoría de esos préstamos han sido realizados. Debido al carácter anómalo de los gobiernos que han recibido y administrado el dinero procedente de tales empréstitos, la disposición constitucional que requiere, en forma imperativa, la intervención del Congreso Nacional para la legalización de esa clase de operaciones, no ha sido, desgraciadamente observada. Existe, en una palabra, un velo de misterio alrededor de la deuda pública dominicana. El mutismo inexplicable del Gobierno en torno a este aspecto básico de nuestra actual situación puede ser suplido a medias, sin embargo, gracias a los informes naturalmente incompletos, dados a la publicidad por diversas agencias internacionales. De esos datos se infiere que la República debe actualmente una suma considerable ascendente a muchos millones de dólares, y que paga intereses sobre parte de ella desde el 6 de marzo de 1962. La Agencia Internacional de Desarrollo prestó al Gobierno Dominicano en 1962, la suma de veinticinco millones de dólares. Con posterioridad a esa fecha, el Gobierno de los Estados Unidos, por conducto de las diversas agencias creadas para la aplicación de los programas de la Alianza para el Progreso y para la ejecución de los acuerdos de Punta del Este, ha hecho distintos préstamos a la República Dominicana. El Triunvirato, en menos de cinco meses de permanencia al frente de la cosa pública, ha suscrito un nuevo préstamo de catorce millones de dólares para la adquisición de diversos artículos destinados a suplir la merma de la producción nacional en los últimos meses. La Secretaría de Estado de Obras Públicas ha dado a conocer, por otra parte, las gestiones que se han hecho últimamente para la contratación con el Eximbank de otro préstamo de cuatro millones de dólares. La Corporación Azucarera ha hecho a su vez un préstamo de veinte millones de dólares con la garantía del Estado.

Lo alarmante no es, desde luego, la tendencia del Gobierno a aumentar la deuda pública y a envolver el nombre de la República en una intrincada red de compromisos financieros. Lo que constituye un peligro potencial para el país es el hecho de que la totalidad de esos préstamos se han obtenido para satisfacción de necesidades que no tienen carácter reproductivo. La tendencia que se ha venido siguiendo es la de utilizar el crédito internacional para atender exigencias puramente presupuestarias. Esa política se inauguró durante el régimen del Consejo de Estado. La Agencia Internacional de Desarrollo entregó al Tesorero Nacional, en agosto de 1962, la suma de cinco millones de dólares "para ayuda del Presupuesto", según se hizo público en el comunicado expedido por esa entidad el 31 de agosto de ese mismo año. Casi la totalidad del préstamo de 25 millones suscrito dentro del programa de la Alianza para el Progreso, se ha aplicado a la construcción de locales escolares y a otras atenciones de la misma índole. Sólo los dos millones de dólares entregados en 1962 al Banco Agrícola para su programa de pequeños créditos a los agricultores, se aparta de la tendencia a destinar los fondos provenientes de empréstitos extranjeros a necesidades que han debido lógicamente satisfacerse con los recursos presupuestarios ordinarios. Hace apenas tres semanas que la Secretaría de Obras Públicas hizo mencionar un nuevo préstamo de doscientos mil dólares para cubrir la permanencia en el país de un grupo de técnicos de nacionalidad extranjera.

Es evidente que somos un país subdesarrollado. Pero es también cierto que somos un país considerablemente rico y que nuestra economía, a pesar de toda la propaganda que se ha hecho en sentido contrario, es una economía sana. El Banco Interamericano de Desarrollo ha admitido en su "Informe Confidencial" del mes de enero de 1963, que en la década de 1950-1960 nuestro crecimiento económico fue superior en términos generales, al de la mayoría de los países latinoamericanos. Ese ritmo ascendente se mantuvo sin interrupción hasta 1960, año en que la tasa de crecimiento del producto bruto se debilitó como consecuencia de las sanciones impuestas al país en Costa Rica y del ambiente de inestabilidad que ese y otros hechos similares crearon en la economía dominicana. Nuestro coeficiente de inversión, considerado con relación al producto nacional bruto, fue igualmente superior, según el informe de la institución internacional aludida, al de la mayor parte de los países de la América Latina hasta 1957. La inversión decayó en 1958, pero ya en 1961, según el Banco Interamericano de Desarrollo, se inició una nueva etapa de recuperación en la actividad económica.

Sólo a la política errónea, y en algunos casos caótica, que se ha seguido en los últimos años, puede atribuirse el hecho del déficit fiscal de 1962, origen del desequilibrio en que se mantiene el presupuesto de la nación. El bienestar de que actualmente gozamos es en gran parte ficticio. El dinero circula con cierta abundancia debido a que los recursos del Estado se dedican en una elevada proporción al pago de servicios personales. El obrero disfruta de altos salarios, pero buena parte de ese bienestar es absorbido por el alto costo de la vida. El Estado puede darse el lujo de derrochar grandes sumas de dinero en atenciones superfluas, pero sólo consigue mantenerse en pie gracias al abuso que hace del empréstito y de otras medidas tan artificiales como la de la inflación monetaria.

En presencia de tales hechos, considerablemente agravados por la merma creciente de la producción nacional en un país cuya riqueza es principalmente agrícola, cabría preguntarse: ¿podría la situación actual prolongarse indefinidamente sin que se produzca a la larga un colapso económico de proporciones similares al que estuvo a punto de estrangular la República cuando se suscribió la Convención de 1907?

POLÍTICA PRESUPUESTARIA *

* New York, publicado en el periódico "El Caribe", edición del 9 de marzo de 1964.

Las críticas que se han hecho al Presupuesto de 1964, ascendente a casi 190 millones de pesos, se reducen a señalar en la nueva Ley de Gastos Públicos un hecho que se considera alarmantemente negativo: se alega que es un Presupuesto excesivo, superior a las posibilidades del país en los momentos actuales. Esa censura es, en el fondo, evidentemente infundada.

El Presupuesto Nacional debería ser hoy, al cabo de 36 meses de la desaparición de la Era de Trujillo, y de la erradicación parcial de los sistemas con que ese régimen anuló en gran parte la influencia de la iniciativa privada en el campo económico, de no menos de 250 millones de pesos. El tiempo transcurrido es más que suficiente para que la economía haya cobrado un impulso decisivo, capaz de servir de soporte a esas erogaciones presupuestarias, aun sin la intervención de la ayuda extranjera. La prueba de nuestra vitalidad económica la suministra concluyentemente el hecho de que el país produce lo suficiente para sostener un enorme tren burocrático, de índole parasitaria en más de un ochenta por ciento, a pesar del desajuste social y del caos político en que ha vivido últimamente el pueblo dominicano. Los ingresos fiscales ascendieron a RD$172,248,615 en 1963, un año en que las fuerzas vivas del país, dominadas por una minoría insignificante pero económicamente poderosa, dedicaron gran parte de sus energías al estrangulamiento del régimen derrocado el 25 de septiembre. Esa suma habría ascendido con toda seguridad a cifras considerablemente más elevadas si no se hubiera practicado durante ese lapso, en las proporciones escandalosas en que se practicó, el contrabando de artículos de lujo, y si un régimen de honestidad prevaleciera en las oficinas recaudadoras del Estado, particularmente en los servicios aduaneros. Otro dato no menos significativo lo constituye el hecho de que la balanza de pagos del país siga cerrando con saldos favorables dentro de condiciones evidentemente anormales. Las exportaciones de la República en 1962 excedieron a las importaciones en cerca de 44 millones de pesos. En 1963 los saldos han sido igualmente satisfactorios. Es cierto que esos resultados se hallan influidos por los altos precios alcanzados por nuestro principal producto de exportación, el azúcar y las mieles, en 1962 y 1963. Pero también hay que tener en cuenta el hecho de que la producción nacional en esos dos años disminuyó sensiblemente y que el país tuvo que importar numerosos artículos que antes se exportaban en cantidades apreciables.

El país es, pues, una mina apetecible. A pesar de la merma de sus fuentes productoras, a pesar de la corrupción reinante en los servicios administrativos no obstante el incremento alcanzado en los últimos años por el contrabando y el desorden que impera en algunos servicios públicos relacionados con las recaudaciones, a pesar de la anarquía política en que el país consume sus mejores energías, a pesar de la falta de confianza con que muchos observan el incierto panorama dominicano, a pesar de todas esas circunstancias adversas, el presupuesto de la Nación se ha podido mantener en niveles altamente satisfactorios. La gloria de esa hazaña pertenece exclusivamente a la iniciativa privada. El gobierno no ha hecho, en los últimos años, otra cosa que alimentarse como un parásito de lo que han realizado las fuerzas vivas dominicanas. Los organismos oficiales, por el contrario, han descuidado sus deberes hasta el punto de que muchos servicios públicos vitales para la economía de la nación han funcionado en condiciones poco propicias al desenvolvimiento de las actividades productivas. Así ha ocurrido con las carreteras del país, casi todas en estado intransitable; con los canales de regadío, en su mayor parte deteriorados y algunos inservibles; con las zonas productoras de café y cacao, incomunicadas por falta de caminos vecinales; con el racionamiento de las divisas destinadas a la industria y al comercio, mientras el mercado negro de moneda extranjera opera con la tolerancia oficial en las puertas de los propios bancos del Estado; con el abandono de la agricultura y con la falta, en fin, de iniciativa para promover la riqueza pública y para restaurar la vitalidad económica del poderoso sector industrial representado por las empresas confiscadas.

El error en que se ha incurrido, al elaborar el presupuesto de 1964, no consiste, por tanto, en la sobreestimación de los ingresos, sino en la forma en que se invertirán, de acuerdo con esa ley, los fondos del Estado. Las sumas que se destinarán, según la nueva Ley de Gastos Públicos, a impulsar las actividades productivas, son sencillamente irrisorias. El caso de la Secretaría de Agricultura, la más importante de la Administración Pública, por ser la que desarrolla las actividades más directamente relacionadas con el bienestar del país, puede servir como testimonio de esa pésima política administrativa. De los 11,189,540.00 pesos asignados a la Secretaría de Agricultura, casi nueve millones se destinan a gastos de personal o de funcionamiento. La mayor parte de los dos millones y medio sobrantes se destinan a la adquisición de equipo y maquinaria para la Dirección General de Agricultura, la Dirección General de Recursos Hidráulicos y la Dirección General de Colonización. Pero mientras la Dirección General de Café y Cacao sólo dispondrá de 31,000 pesos para maquinarias y equipo y de 12,000 pesos para construcciones, a la Presidencia de la República se le asignan 172,000 pesos para propaganda de prensa y relaciones públicas, y mientras a las embajadas y legaciones se les suministran 473,370 pesos para gastos de representación, la Dirección General de Agricultura sólo contará con 30,000 pesos para construcciones y con 117,000 pesos para maquinarias y equipo destinados al fomento agrícola en todo el territorio de la República. La extravagancia de esos contrastes, revela la mentalidad burocrática del equipo que ejerce el poder público. Las cifras globales no son menos significativas. Es obviamente insignificante la suma que se dedica en la Ley de Gastos Públicos bajo el rubro "Gastos de capital", a inversiones y actividades encaminadas al fomento de la riqueza pública, en comparación con la que se destina, en cambio, al pago de la numerosa empleomanía que invade actualmente las distintas esferas administrativas. Los "fondos especiales", manejados discrecionalmente, según la nueva ley, por el Poder Ejecutivo, resultan también insuficientes para los fines de interés nacional a que se hallan en su mayor parte destinados. Sólo el 30 % de esos recursos adicionales se dedican a obras de fomento agrícola. El sobrante se consume en un reducido programa de obras públicas de carácter inaplazable y en atenciones como las siguientes: para combustible de los distintos departamentos de la adminstración, 50,000 pesos; para buques auxiliares de la Marina de Guerra, 90,000 pesos; para el

Desayuno Escolar 325,000 pesos; para compras de bienes inmuebles 100,000 pesos, etcétera.

La Ley de Gastos Públicos de 1964 no contiene apropiaciones para la solución de ninguno de los problemas que afectan fundamentalmente a las diversas zonas del país. Aun las sumas que se asignan para la extensión del sistema de acueductos y para la salvaguardia de la salud pública que constituye una de las obligaciones esenciales del Estado, resultan ridículas si se las compara con la importancia y gravedad de las necesidades que reclaman en ese campo la atención de las esferas gubernamentales. En un Presupuesto de 190 millones de pesos, en el cual el 80 % de los recursos del Erario Público se dedican al sostenimiento de una burocracia que ha alcanzado en los dos últimos años proporciones abrumadoras, no podía haber lógicamente cabida para planes de engrandecimiento nacional ni para realizaciones de envergadura. Pero aún si se le enfoca como un instrumento de carácter exclusivamente burocrático, la nueva Ley de Gastos Públicos contiene injusticias flagrantes y fallas fundamentales. Los sueldos del personal de algunos departamentos, como el de Telecomunicaciones, se han mantenido injustamente a un nivel inferior al de otros miembros de la burocracia nacional que rinden una labor menos ardua y menos abnegada. En algunos capítulos se crean, por otra parte, situaciones contradictorias. Así, las apropiaciones de las Fuerzas Armadas y de la Policía Nacional ascienden a más de 80 millones de pesos, pero los sueldos de las clases y rasos de esos cuerpos se han dejado al mismo nivel en que los mantuvo la Era de Trujillo.

Si en la elaboración del Presupuesto de 1964 hubiera prevalecido un criterio de estricta equidad, los sueldos de la inmensa mayoría de los servidores de la Administración Pública, constituida por los empleados que ocupan las categorías más modestas en la jerarquía oficial, serían los que efectivamente corresponden a los altos niveles actuales del costo de la vida. Lo justo habría sido, en una palabra, aplicar a todos los servidores del Estado la misma política que se ha aplicado a los funcionarios del Cuerpo Diplomático y Consular, cuyos sueldos y gastos de representación han sido elevados sin tener en cuenta la sangría que ese despilfarro representa para el país en moneda extranjera.

LA TEORÍA DE KEYNES
Y LA ECONOMÍA DOMINICANA *

* New York, publicado en el periódico "El Caribe", edición del 18 de marzo de 1964.

El fenómeno económico de mayor importancia que se ha registrado en el país, con posterioridad a la desaparición de la Era de Trujillo, es obviamente el de los transtornos inflacionarios a que se halla actualmente sometida la economía dominicana. La política seguida por los gobiernos que se han turnado en el mando en los últimos años, ha dado lugar a una inflación de proporciones desmesuradas.

Es fácil señalar, en el actual desenvolvimiento económico del país, los signos característicos de todo proceso inflacionario. En los dos últimos años se ha registrado un alza desproporcionada en los precios de todos los artículos de consumo, tanto los nacionales como los de procedencia extranjera; y la desproporción entre las retribuciones y los precios ha dado lugar, al propio tiempo, a un aumento de los salarios, hecho que a su vez ha contribuido a elevar los costos de producción y a reducir en muchos casos la rentabilidad de la inversión privada. El fenómeno ha sido en gran parte provocado por la tendencia del Gobierno a favorecer la expansión de los préstamos bancarios, a gastar sin la menor prudencia los fondos del Erario Público y a conjugar con expedientes inflacionarios los déficits del presupuesto registrados en el año 1963. El carácter de las inversiones públicas hechas últimamente ha contribuido también a la espiral inflacionaria iniciada en 1962.

Es lógico que el cambio político que se efectuó en el país en las postrimerías de 1961 produjera alteraciones de importancia en la economía dominicana. El paso de una economía fuertemente dirigida, como lo era la del régimen anterior, a una economía en que prevalece la libertad de la iniciativa privada, no podía efectuarse sin que el país experimentara, en el orden económico, las consecuencias propias de ese nuevo estado de cosas. La economía de todos los países en proceso de desarrollo, muestra, como es sabido, una extensa susceptibilidad a los trastornos inflacionarios.

Pero no hay duda de que la política seguida por los organismos oficiales ha estimulado enormemente las tendencias perturbadoras que están poniendo hoy en peligro, entre otras cosas preciosas para el futuro del país, la estabilidad de su moneda y el saldo tradicionalmente favorable de su balanza de pagos.

La política económica del Gobierno se ha orientado, últimamente, en las tres direcciones siguientes: primero, ha gastado los fondos públicos desconsiderablemente, y ha tenido, como era de esperarse, tremendos déficits fiscales en los dos últimos años; segundo, ha aumentado considerablemente el volumen de la circulación monetaria, y tercero, ha abusado de ciertas providencias extraordinarias, como la del empréstito y la ayuda extranjera, para corregir los errores a que lo ha conducido su tendencia a estimular el desarrollo económico del país con técnicas netamente inflacionarias.

Esta política puede hallar cierta justificación en la experiencia de otros países de la América Latina cuya economía se encuentra también en proceso de desarrollo. El caso de México, sobre todo, suministra un argumento en favor de quienes opinan que una inflación moderada puede servir eficazmente para resolver los problemas conceptuales y administrativos que plantea en las naciones no industrializadas el desarrollo económico. Inclusive, durante algunos años ha estado en boga la teoría, preconizada por economistas de renombre, como J. M. Keynes y Earl J. Hamilton, según la cual hay ciertas clases de inflación que pueden ser utilizadas para impulsar el crecimiento. Pero ¿se encuentra la República Dominicana en una situación parecida a la de los países en que los trastornos inflacionarios se han usado para acelerar el desarrollo? México es, en la América Latina, el país en que esa teoría se ha practicado con mayor conciencia y con resultados más satisfactorios. Durante el período de 1939 a 1954, el Gobierno Federal incurrió en déficits fiscales durante casi diez años consecutivos. El Gobierno de México, al igual que el Gobierno de nuestro país en los dos últimos años, financió total o parcialmente esos déficits mediante empréstitos suscritos con gobiernos o entidades extranjeras. Un economista bien conocido, W. Arthur Lewis, ilustra con el ejemplo de México la tesis de que es posible favorecer el impulso económico con inversiones públicas financiadas con medidas de carácter inflacionario, es decir, con adiciones a la oferta monetaria. Existe, sin embargo, una diferencia capital entre el caso de México y el de la República Dominicana.

México inició en 1936 un vasto programa de obras públicas y un efectivo plan de ayuda al comercio y a la agricultura. De esa época data el fenómeno que Sanford Mosh denomina "la revolución industrial mexicana". Este auge económico fue promovido con recursos inflacionarios. Pero la inflación coincidió con un enorme crecimiento de la producción agrícola. La tasa del desarrollo de la agricultura fue en esa etapa de un 19 %. El Banco Internacional de Reconstrucción y Fomento estima que el ingreso nacional se elevó en conjunto a una tasa del 7.2 % anual, hecho que permitió a México alcanzar, no obstante la rapidez de su crecimiento demográfico, la impresionante tasa del 4 % en el aumento del ingreso per cápita. El módulo de crecimiento económico del pueblo mexicano revela, pues, no sólo una industrialización ininterrumpida sino también un considerable aumento de la producción agrícola, la cual ha alcanzado a partir de 1945 una tasa media de crecimiento porcentual por año de 9.6 %. México ha podido, en consecuencia, resistir los trastornos inflacionarios que han sacudido su economía durante casi dos décadas, porque el Gobierno Federal ha llevado a cabo, al amparo de esa inflación, y con los recursos que ella ha puesto a su alcance, un enorme programa de expansión agrícola que se ha singularizado por la ejecución de importantes proyectos de irrigación, de concesiones de crédito a los agricultores y de desarrollo intensivo de las vías de comunicación.

El fenómeno que se ha registrado en la economía dominicana es el diametralmente opuesto. El Gobierno se ha lanzado, en los últimos veintisiete meses, a una política inflacionaria incontrolada, y ha mantenido al propio tiempo la agricultura nacional en un estado de abandono y de descuido imperdonables. Los déficits fiscales que se han producido en los últimos años no obedecen a que se hayan hecho inversiones gubernamentales de consideración en obras destinadas a aumentar la producción agrícola y a promover el proceso de la industrialización de la economía dominicana. Por el contrario, la insuficiencia de los recursos presupuestarios se ha debido a los despilfarros que se han hecho en servicios estrictamente personales. El alza de los salarios, por su parte, iniciada en las empresas confiscadas y extendida luego a los sectores que dependen del capital privado, ha contribuido a la inflación pero no ha proporcionado una mejoría apreciable a la clase trabajadora. Es obvio, en efecto, que la elevación del costo de la vida ha disminuido en más de un 30 % los ingresos reales del personal asalariado, tanto en los servicios públicos como en las actividades particulares. La política crediticia de los bancos oficiales ha aumentado a su vez las presiones inflacionarias sin haber sido suficientemente capaz de favorecer un desarrollo de la producción agrícola en gran escala.

La política que se ha seguido en los últimos tiempos ha tenido, por otra parte, resultados nocivos en el campo social. La inflación provocada por las medidas que se han puesto últimamente en práctica, ha favorecido el desplazamiento de la población de las zonas rurales hacia las urbanas. Ese fenómeno, característico de todos los países modernos en proceso de desarrollo, existía ya en las postrimerías del régimen anterior, pero es en los dos últimos años cuando ha adquirido proporciones verdaderamente aterradoras. Es claro que el origen de ese problema radica fundamentalmente en la pobreza de la clase campesina y en la superpoblación de las áreas rurales. Pero no puede desconocerse que en el abandono de los campos ha influido poderosamente la atracción ejercida sobre el campesino por los altos salarios en las industrias confiscadas, especialmente en el sector azucarero, y por los enganches masivos en la Policía Nacional y en otros cuerpos similares. La emigración campesina que llega a la ciudad no puede ser absorbida por la industria manufacturera nacional, aún incipiente, ni por la de la construcción, movida hoy casi exclusivamente por el capital privado. De ahí que crezca, día por día, el contingente de los trabajadores manuales desocupados. Es insignificante la parte del excedente llegado de las áreas rurales que se canaliza hacia el pequeño tráfico callejero y hacia el servicio doméstico. La consecuencia es una fragmentación del comercio en los centros urbanos más populosos, fenómeno igualmente característico de los países subdesarrollados. Es casi nula la acción que desarrolla el Gobierno para contrarrestar esa tendencia. El salario del jornalero en las explotaciones agrícolas, con excepción del de la industria azucarera, sigue siendo un salario de hambre. La reforma agraria, por otra parte, funciona con lentitud poco alentadora.

El efecto de la inflación ha sido todavía peor en el terreno político. Técnicamente, es axiomático que todo proceso inflacionario produzca un desplazamiento del ingreso nacional hacia las clases acaudaladas. Mosh revela en su libro "Revolución Industrial en México", que en 1939, año de fuertes presiones inflacionarias, el comercio mexicano percibió en utilidades el 13.9 % del dividendo nacional. En 1946, en pleno auge de la inflación, esa cifra se elevó a 27 %. En 1950, las utilidades comerciales representaban todavía el 25 %. Aunque en menor proporción, las medidas inflacionarias del Gobierno dominicano han beneficiado también obviamente a la clase capitalista. En cambio, la clase media y el inmenso sector constituido por la población necesitada, han sufrido en forma dramática las consecuencias depresivas del alto costo de la vida. Esta ha sido una de las fuentes principales del descontento popular contra el Gobierno y una de las causas del malestar político que tiende a invadir todas las esferas sociales.

EL CLIMA ELECTORAL *

* New York, publicado en el periódico "El Caribe", edición del 3 de abril de 1964.

El Triunvirato ha repetido, esta vez ante la Sociedad Interamericana de Prensa, su intención de convocar a elecciones tan pronto exista en el país un clima electoral que haga posible la celebración de ese certamen democrático en condiciones satisfactorias.

Pero ¿cuál es el clima electoral a cuya existencia se condiciona la celebración de las elecciones que permitirán restablecer en el país el imperio de los principios constitucionales? La pregunta puede ser contestada de dos maneras: o bien, el Triunvirato espera, para la convocación a elecciones, que en el país prevalezca una situación de normalidad absoluta, o bien aguarda a que se completen las providencias que se supone que se están poniendo en práctica para organizar unas elecciones libres y honradas.

La idea de los que pretenden que las elecciones se posterguen hasta que el pueblo adquiera la madurez democrática suficiente para que cada ciudadano emita conscientemente su voto, no merece que se la tome en cuenta porque es no sólo capciosa sino también descabellada. Son pocos los países en el mundo que tienen conciencia democrática en el sentido en que se pretende que exista en la República Dominicana. Todos los pueblos, sin excluir a los más avanzados en el ejercicio del derecho del sufragio, cumplen generalmente este requisito constitucional bajo el imperio de factores emocionales. En los Estados Unidos mismo se vota no sólo por un programa de gobierno sino por un hombre que sugestiona en un momento dado la imaginación de las masas y se hace dueño de las simpatías generales. Es la personalidad de un candidato, en definitiva, lo que arrastra a las multitudes que una vez eligen a Eisenhower porque les fascina su figura de conductor de los ejércitos de la libertad en la segunda guerra mundial, sin importarle si es o no superior a Stevenson como intelectual y estadista, y otras prefieren a Woodrow Wilson antes que a Teodoro Roosevelt y a Hughes porque les atraen las ideas de este profesor de derecho en circunstancias en que la nación se prepara para asumir en la historia una tarea de proporciones universales. Si se quiere suprimir la demagogia o desterrar los resortes emotivos que obran sobre el corazón de las masas en los torneos electorales, entonces habría que prescindir de la democracia misma para volver al sistema del Partido Único y al mecanismo pseudoeleccionario propio de las organizaciones totalitarias. Desde los tiempos de Demóstenes y Esquines, la elocuencia juega un papel principal en todo debate público y es la que decide a veces el curso de la historia. El precio de la libertad es el riesgo que se corre cuando la demagogia se apodera de los partidos y utiliza el ruido y el oropel para influir sobre las imaginaciones humanas. Cada soldado, decía Napoleón, lleva en su mochila el bastón de Mariscal de Francia. También en la democracia cada ciudadano lleva en sus bolsillos la primera magistratura del Estado. Pero, por fortuna, por cada demagogo como Marat hay un Dantón que resume en su palabra y en su fisonomía moral toda la grandeza de las virtudes republicanas.

El único medio que tiene el pueblo de educarse, desde el punto de vista cívico, consiste precisamente en el ejercicio continuado de los derechos que la democracia representativa pone al alcance de las clases populares. De la práctica de esas instituciones sale al fin y al cabo la ciudadanía pulida para los debates de la vida pública. El remedio, en una palabra, lo suministra la misma democracia: los pueblos pasan por sus mallas como las aguas por las rocas de las montañas: en ellas dejan sus impurezas para salir al cabo filtradas y cristalinas.

Si el Triunvirato entiende por clima electoral la cesación absoluta de las agitaciones callejeras, la desaparición de las tensiones políticas que llenan cada día la atmósfera del país de falsos rumores y de aires subversivos, y la superación del estado de beligerancia en que las medidas policiales del propio gobierno mantienen a la ciudadanía, es posible que no haya en los próximos años elecciones en la República Dominicana. No puede haber sosiego ni puede haber confianza efectiva mientras en el país exista un poder público anarquizado. La anarquía que prevalece en los mandos ejecutivos de la nación llega hasta el extremo de que la ciudadanía ignora inclusive de donde emanan las órdenes con que a menudo se conculcan las prerrogativas inherentes a la persona humana. Cuando se golpea, se encarcela o se deporta a un ciudadano cualquiera, nadie sabe si el autor de la arbitrariedad se halla en el Palacio Nacional, en los servicios de la Policía o de Inmigración, o en las oficinas de los partidos que controlan la mayoría de las funciones administrativas. El 27 de febrero último, mientras un grupo de jóvenes se disponía a cumplir un rito patriótico ante el Altar de la Patria, la anarquía tocó los extremos del ridículo: las órdenes del Triunvirato, impartidas de viva voz en la propia escena de los sucesos, fue desconocida por los agentes del orden sin que nadie sepa hasta ahora que la dignidad presidencial haya sido desagraviada. Tranquilidad, por otra parte, es sinónimo de orden jurídico, de paz nacida del funcionamiento irrestricto de las instituciones, y esa situación constructiva no puede existir donde la autoridad que predomina es una autoridad usurpada.

Si el Triunvirato considera, por el contrario, que el clima electoral a que se condiciona la celebración de las futuras elecciones significa la adopción de una serie de medidas encaminadas a garantizar la pureza del sufragio, entonces deberían hacerse públicos los pasos que se han dado y los que se darán próximamente para que esa finalidad sea alcanzada. Esas medidas no pueden ser otras que la depuración del censo electoral, la legalización de los partidos verdaderamente mayoritarios y la promulgación de cuantas disposiciones sean necesarias para que el voto sea libre e igual para todas las banderías políticas. Esta última condición supone necesariamente que no se hagan en la administración pública designaciones inspiradas en intereses partidistas, y que los alcaldes pedáneos no sean escogidos para situar a los agentes de determinados grupos en posiciones privilegiadas. Un clima electoral es, en definitiva, un clima de derecho. Es igualmente inconcebible que se abogue por la pureza de las elecciones y que se contemple con indiferencia la práctica criminal de distribuir armas entre la ciudadanía con fines electoreros. Repugna en el mismo grado que se proclame el propósito de organizar una consulta electoral honesta y que se admita, sin embargo, que se requiera una tarjeta de inscripción en determinado partido para que un trabajador cualquiera pueda figurar en las nóminas de las obras que se realizan en las distintas dependencias gubernamentales. El deseo de crear en el país un clima electoral tampoco se compadece con la actitud que observan ciertas instituciones bancarias del Estado que reservan la drasticidad de sus leyes para los ciudadanos que no se hallan inscritos en los partidos que tienen el privilegio de gozar de la simpatía de esos agentes políticos infiltrados en la Administración Pública. No hay compatibilidad tampoco entre la propaganda que se hace sobre el propósito de rodear de todas las garantías necesarias las elecciones venideras y el hecho de que la política sea el factor determinante en las sustituciones en masa que se llevan a cabo en las administraciones municipales.

El clima electoral no puede ser obra del pueblo sino de las autoridades. La ciudadanía puede contribuir sin duda al advenimiento de una situación favorable a la celebración de una consulta comicial pacífica y ordenada. Pero la responsabilidad principal de esa tarea cívica corresponde al Gobierno. El clima electoral a que se aspira empezaría a crearse cuando el país se convenza de que el Triunvirato no intenta prolongar su permanencia en el poder con medidas dilatorias y con intrigas internas que conviertan los planes gubernamentales para el retorno a la constitucionalidad en una comedia bufa.

El estribillo del clima electoral tiene hasta ahora todos los visos de una farsa. Tal vez no sea esa la forma más apropiada para disminuir la gravedad de una situación que se torna cada día más explosiva. El maestro don Benito Pérez Galdós dice con razón en uno de sus "Episodios Nacionales", que el pueblo es como el toro: un animal embanderillado y retraído, del cual todos se burlan en las corridas, pero que cuando acierta a coger a un torero entre los cuernos, lo hace a las mil maravillas.

EL COSTO DE LA VIDA *

* New York, publicado en el periódico "El Caribe", edición del 4 de abril de 1964.

El mayor foco de inquietud social que existe hoy en el país es el alto costo de la vida. La inmensa mayoría del país, constituida por familias de escasos recursos o por personas que carecen en absoluto de medios de subsistencia, no podrá resistir por largo tiempo la situación de extrema penuria a que la reducen los precios inflados a que se cotizan actualmente los artículos de primera necesidad. Si la carestía de la vida no ha provocado ya un levantamiento popular es por la ayuda que están recibiendo de "Cáritas" y de otras instituciones filantrópicas, en su mayoría de procedencia extranjera, las legiones de indigentes que pululan por las diferentes ciudades del país y las familias necesitadas.

Las medidas adoptadas hasta hoy por el Gobierno para corregir o atenuar esa situación, han resultado en la práctica casi totalmente inocuas. Después del golpe del 25 de septiembre, como lo ha dicho con sobrada razón la revista norteamericana "U. S. News Report", se ha registrado una nueva alza de alrededor de 15 por ciento en el precio de los artículos alimenticios de mayor consumo. La inocuidad de las providencias dictadas por el Gobierno resulta obviamente del hecho de que el organismo creado para controlar los precios no puede hacer milagros. La tendencia de los precios a subir se mantendrá necesariamente mientras no desaparezcan las causas que han dado lugar a la espiral inflacionaria a que se halla sometida desde hace casi dos años la economía dominicana. La culpa no es ni de la oficina encargada de conservar los precios a un nivel determinado, ni del propio comercio detallista cuya acción especulativa obedece a menudo, antes que a un afán de lucro desmedido, a la presión ejercida por la demanda sobre el valor a que se expenden los bienes disponibles.

La teoría de los organismos oficiales que tratan ingenuamente de explicar y aun de justificar el alza de los precios de los artículos de primera necesidad con el eufemismo de que ha aumentado extraordinariamente el consumo, carece de sentido en una gran medida. Los precios han subido a causa del impulso inflacionista que prevalece en la economía nacional; y la inflación procede a su vez de una serie de factores de orden político y económico, entre los cuales merecen señalarse el aumento de los salarios y de los costos de producción, la dilapidación de los fondos gubernamentales en aventuras turísticas y burocráticas, los déficits fiscales y, sobre todo, el descenso espectacular de la productividad registrado en los dos últimos años.

Es cierto que ha aumentado el consumo como es cierto también que ha habido un aumento en la población cuyo crecimiento anual, según las estadísticas más recientes, alcanza a la cifra de cien mil habitantes en las áreas urbanas y rurales. Pero hay otros factores que contribuyen poderosamente a disminuir el consumo de los artículos de primera necesidad no sólo en los grupos de bajos ingresos sino también en las mismas clases que perciben salarios adecuados. En primer lugar, el alza misma de los precios disminuye el valor adquisitivo de la moneda. Gran parte del aumento obtenido en sus salarios, lo pierde la masa obrera como consecuencia de la inflación de los precios y de las maniobras de los especuladores. El hecho es tan ostensible que no requiere demostración. Hasta fines de 1961, el millar de plátanos podía obtenerse por cinco pesos en las zonas productoras. Hoy cuesta cuarenta pesos y el artículo que se obtiene con esa suma es de inferior calidad debido a que nuestro proceso degenerativo tiende a extenderse hasta a los cultivos y a los productos de la naturaleza. Otro factor que influye en el consumo es el de la tendencia de las clases asalariadas a disipar una parte importante de sus jornales en juegos de azar y en bebidas alcohólicas. En el alza de los precios de los artículos de primera necesidad interviene, en consecuencia, el descenso de la productividad en proporciones considerablemente mayores que el aumento del consumo. Si el consumo ha subido en un 35 por ciento según la tesis de los organismos oficiales, el poder adquisitivo de la moneda ha bajado en un 25 por ciento cuando menos. La única explicación lógica del alza exorbitante de los índices del costo de la vida es, pues, la de la desproporción existente entre la oferta de bienes disponibles y la demanda efectiva.

El deterioro de la producción agropecuaria, cuyo descenso en algunos renglones es evidentemente alarmante, ha sido a su vez agravado por la torpeza de la política seguida en los últimos años por los organismos gubernamentales. El gobierno propició en 1962 varios aumentos de remuneraciones en masa, principalmente en las empresas que pertenecieron a la familia Trujillo, sin tomar ninguna providencia para impedir que esos aumentos recayeran sobre los consumidores. No se efectuó, al dar satisfacción a las demandas legítimas de la clase trabajadora, el estudio previo que debió hacerse para que el alza de los salarios fuera en gran parte absorbida por las ganancias del grupo empresarial y neutralizada al propio tiempo por el incremento de la productividad. El fenómeno se desenvolvió a la inversa: se dejó que el aumento de los costos de producción gravitara sobre el consumidor y se dejó que la producción agropecuaria descendiera a niveles inferiores a los de la época en que la población del país se hallaba por debajo de la cifra de tres millones de habitantes. Es lógico que cuando se produce un aumento súbito de los salarios y de los costos de producción no resulte fácil impedir el alza de los precios internos. Sin embargo, la inflación de los precios puede desaparecer o atenuarse considerablemente si coincide, como sucedió en la Argentina en 1956 (Ver Raul Prebisch, "Plan de Restablecimiento Económico", Buenos Aires, 1956), con un incremento de la producción y con un control efectivo del crecimiento de los medios de pago exigidos por el alza de los salarios y de los costos.

Si el Gobierno continúa derrochando los fondos del Erario Público y si no adopta una política que no sea propiamente de deflación sino de continencia administrativa y si la producción, por otra parte, sigue bajando o continúa estacionada, se hará dentro de poco indispensable recurrir a nuevos aumentos de los sueldos y salarios para compensar al trabajador y al empleado del alza del costo de la vida. La masa obrera dominicana empieza a tener conciencia de clase y sentido de sus derechos fundamentales. Su acción sumada a la de todos los grupos rezagados en el proceso que sigue actualmente la economía nacional, no tardará en manifestarse si las autoridades no se adelantan a ese hecho con medidas previsoras. No puede perderse de vista que si se produce una nueva alza de salario y de sueldos, como consecuencia de la presión ejercida sobre el Gobierno por los grupos interesados en resarcirse de los perjuicios que les ocasiona el costo de la vida, habrá inevitablemente una mayor corriente de crédito inflacionario impuesta por la necesidad de compensar a la industria por la merma de sus utilidades.

El Gobierno sólo se ha preocupado hasta ahora por los grupos cuyos intereses tiene la misión de defender desde la dirección del poder público; es decir, por la alta clase media y por las familias acaudaladas. En efecto, las leyes votadas para reducir el costo de la vida no benefician a los habitantes de Gualey y Guachupita, en la capital de la República, del Ensanche Guarionex, de La Vega, de Pueblo Nuevo y Los Pepines, en Santiago, etc., porque esos núcleos-humanos no consumen carnes frías ni alimentos enlatados. Para que las clases populares reciban un beneficio positivo de ese género de providencias se requeriría que se redujeran sustancialmente los precios del arroz, del aceite, del carbón, de la leche, y de todos los artículos de primera necesidad que acostumbran a consumir las familias de pequeños ingresos. La inmensa ola de impopularidad que cubre al Triunvirato y que cada día hace sus cimientos más precarios, se atenuaría considerablemente si se hiciera algo positivo para mejorar la situación sobremanera angustiosa de los sectores populares. El arroz podría servir como ejemplo de lo que podría hacer el Gobierno en beneficio de las clases menesterosas. Una gran parte del arroz que se consume en el país es suministrada al Gobierno de los excedentes exportables que los Estados Unidos reservan para su programa de ayuda a las economías subdesarrolladas. Las ventas suelen hacerse a veinte años de plazo y a un bajísimo tipo de interés. ¿Por qué el Gobierno especula con ese cereal en vez de venderlo al público a precios equitativos?

Si se desea combatir el comunismo con providencias efectivas y no con frases huecas y con promesas vacías, es menester que el Gobierno se imponga a sí mismo los sacrificios que la situación actual requiere, y que su ejemplo sea al propio tiempo imitado por los grupos empresariales y por las clases adineradas. Se trata desde luego de medidas de emergencia y en resumen, transitorias. El fondo del problema sólo podrá ser abordado cuando al frente de los destinos públicos haya un Gobierno responsable que se decida a emprender en serio la cruzada que se requiere para incrementar la producción agropecuaria del país y para poner fin al propio tiempo al balance catastrófico de tres años de improvisaciones administrativas.

EL IMPERIO DE LOS VOTOS *

* New York, publicado en el periódico "El Caribe", edición del 7 de abril de 1964.

El columnista Alvaro Bobadilla, desde el periódico en que comenta diariamente el panorama político nacional, me ha emplazado para que defina mi actitud frente al pronunciamiento que el Presidente del Partido Reformista, Lic. Augusto Lora, hizo recientemente en torno a la actual situación del país y a la forma en que el Gobierno surgido del golpe del 25 de septiembre conduce los destinos del pueblo dominicano.

Comprendo plenamente las preocupaciones patrióticas del Presidente del Partido Reformista, y creo que sus pronunciamientos no tienen ningún punto objetable, excepto el de traducir la verdad de la situación actual del país sin tapujos y sin eufemismos. Nadie puede negar que el manifiesto que lanzaron al país las Fuerzas Armadas para justificar la interrupción de nuestro proceso democrático con el acto de fuerza del 25 de septiembre, ha quedado incumplido en muchos de sus aspectos esenciales. Tampoco se puede poner en duda que el Triunvirato no ha convocado a elecciones, como se prometió solemnemente al país en el Manifiesto aludido, y que todos sus actos traducen, por el contrario, la intención de retener el mando hasta que se lo consientan las circunstancias o hasta que un nuevo acto de fuerza lo constriña a restaurar el imperio de los principios constitucionales.

Huelga todo comentario acerca de la gravedad de la situación económica y social del país y de la profunda descomposición moral que prevalece en importantes sectores de la vida dominicana. Es claro que el Triunvirato no es responsable de esa situación anterior a la fecha en que ese organismo inició su gestión gubernativa; pero es evidente que su empeño en retener el poder y la complacencia con que sirve de instrumento a las concupiscencias y a los intereses de grupos que carecen de todo respaldo popular y en torno a los cuales se ha producido un vacío político en todo el ámbito nacional, contribuye a acentuar esa crisis y a destruir la fe de la mayoría de los dominicanos en la reestructuración de nuestro sistema democrático y en la posibilidad de que el país disfrute en un próximo futuro del clima jurídico y de las instituciones propias de toda sociedad civilizada.

Pero sea cual sea la posición de la dirigencia del Partido Reformista, y sean cuales sean las incidencias presentes o futuras de la vida nacional, mi posición personal permanece y permanecerá invariable. Mantengo sin variantes mi creencia de que los problemas fundamentales del país no pueden ser resueltos por ningún gobierno que no cuente con el respaldo de la inmensa mayoría de la población nacional; es decir, que la ingente tarea de resolverlos sólo puede recaer sobre una Administración que merezca a la vez el respeto de la ciudadanía y el de las propias Fuerzas Armadas. Para poner fin al contrabando y a la corrupción administrativa, para detener la ola de pesimismo que invade hoy los espíritus más firmes ante la incertidumbre del panorama dominicano, para evitar que el sentimiento de frustración que prevalece en las nuevas generaciones degenere en una crisis de carácter irremediable, para impulsar el progreso del país y rehabilitar su economía sobre bases sanas y duraderas, para eso y para todo lo que falta por hacer en cumplimiento de la tarea que nos incumbe de sustituir un régimen despótico de treinta años por otro de fisonomía realmente democrática, se requiere que al frente de los destinos de la República haya un gobierno surgido libremente de las urnas electorales.

Rechazo, en consecuencia, al Triunvirato, producto monstruoso de un acto de arbitrariedad, y a los partidos que hicieron posible esa regresión con sus ambiciones desorbitadas. Comparto asimismo el criterio de los que aspiran a que ese gobierno de facto sea destruido, pero no por imperativo de las armas, sino por imperativo de la opinión popular, cuya acción no es instantánea como la de las bayonetas, pero sí inexorable y eficaz como la de los dientes de la sierra en la madera podrida.

Quien así piensa y quien sostiene esas ideas con irrecusable sinceridad, no necesita hacer hincapié en sus declaraciones anteriores sobre su propósito invariable de no llegar jamás al poder por la vía tortuosa de los golpes de estado. Ya una vez demostré que no era capaz de gobernar de espaldas al sentimiento popular. Si en aquella ocasión abandoné el poder para que otros asumieran la tarea de dirigir al país, con mayor razón me opondría ahora a asumir de nuevo aquella investidura en abierta oposición con un estado de conciencia nacional que es ostensiblemente desfavorable a las situaciones inconstitucionales.

Cada día me asocio con más fuerza a la opinión de quienes estiman que la crisis nacional ha llegado a un grado de gravedad tan profundo y alarmante que sólo puede solucionarse con el sacrificio de todas las miras partidaristas y de todos los apetitos personales. Sólo un acto de desprendimiento de todos los partidos, sólo un gesto patriótico de los hombres que controlan los diversos sectores de la opinión nacional, puede salvar al país y abrir la ruta hacia las soluciones constructivas.

Nuestra carta de navegación la constituye hoy la unidad. No importa quien sea el piloto escogido para conducir los destinos nacionales a través de los mares procelosos en que está a punto de zozobrar la nave de la República.

EL TONEL DE LAS DANAIDES *

* New York, publicado en el periódico "El Caribe", edición del 29 de mayo de 1964.

La crisis actual, caracterizada por un verdadero colapso administrativo, podría lógicamente resolverse con simples medidas de austeridad y con una acomodación del presupuesto nacional a la realidad dominicana. El Gobierno de facto, cuya incompetencia en materia económica y cuya demagogia política han sido los factores que han dado lugar a ese desastre, ha preferido poner en práctica otra clase de medidas, las cuales tienen la ventaja de ser más cómodas en el orden económico y políticamente menos explosivas. En vez de llevar a cabo cortes heroicos en el Presupuesto Nacional, y de suprimir drásticamente los gastos superfluos o excesivos, el Triunvirato ha optado por crear nuevos impuestos y por imponer nuevos sacrificios tanto a las clases pudientes como a las necesitadas. Se ha defendido esta curiosa modalidad de la política del sindicato de oligarcas que maneja los destinos del pueblo dominicano, con la alegación de que tales providencias son impopulares pero saludables. Que las medidas en cuestión están llamadas a aumentar, si eso es posible, la impopularidad del Gobierno, es cosa obvia. Pero es menos evidente el hecho de que sean verdaderamente provechosas.

La impopularidad de las últimas leyes del Gobierno de facto no obedece al hecho de que su promulgación suponga nuevas privaciones y mayores estrecheses para el contribuyente dominicano. Todo el país, por el contrario, aceptaría de buen grado esos sacrificios si la causa por la cual se han de llevar a cabo fuera realmente honesta o se hallara en alguna forma justificada. Si el pueblo dominicano se encontrara colocado frente a una grave emergencia, por causa ajenas al Gobierno, como un ciclón u otra catástrofe de la misma naturaleza, es lógico que tanto el comercio como el pueblo consumidor acudirían con gusto en auxilio de las autoridades encargadas de conjurar ese acontecimiento infausto. En los días en que se luchaba por defender nuestra soberanía amenazada por Haití o por las grandes potencias colonizadoras que se disputaron en otras épocas la parte española de la isla, supimos corresponder con largueza al llamamiento hecho por los patriotas que encabezaron cada una de esas cruzadas emancipadoras. Las joyas de muchas mujeres y la hacienda de muchos hombres han sido sacrificadas, en el curso de nuestra historia llena de vicisitudes, en aras de la patria en peligro. En cambio, cuando Buenaventura Báez intentó conjurar con la imposición de nuevos tributos el desastre financiero a que condujeron al país sus repetidas emisiones de papel moneda, tropezó con la resistencia del comercio cibaeño que fue uno de los principales factores de su caída en 1873. La historia se repite, y a veces hombres de la misma estirpe, turnándose en la sucesión de las generaciones, actúan en el escenario nacional como instrumentos de parecidas vicisitudes históricas. Pretender que el pueblo dominicano cargue con la responsabilidad de una crisis que no obedece a hechos fatales o incontrolables, sino a simple corrupción y a desaciertos administrativos, es algo que tiene necesariamente que ofender el sentimiento público y provocar una repulsa unánime.

Nadie ignora que la ruina de la Hacienda Nacional se debe a la imprevisión que ha prevalecido en las esferas gubernamentales. No ha habido, en la elaboración de la Ley de Gastos Públicos, el menor sentido de ponderación ni la más mínima tendencia a someter la actividad económica del Estado a las conveniencias reales del país. El dinero ha sido tirado por la ventana sin el menor escrúpulo. Los fondos del Erario Público se han utilizado sin control para labores de cabildeo y para componendas políticas tanto dentro del país como allende las fronteras. La preocupación de retener a toda costa el poder ha sido la única que ha guiado a los autores de esa obra de desintegración colectiva.

Las leyes votadas recientemente por el Triunvirato tienden a aliviar la situación crítica en que se halla el Gobierno pero no a disminuir la gravedad de las condiciones desesperantes en que vive la mayoría del pueblo dominicano. Algunas de esas providencias son necesarias para que el actual régimen de fàcto obtenga la ayuda internacional que necesita con urgencia para estabilizarse en, el mando. Pero esa ayuda, sin la cual el Gobierno se desplomaría destruido por sus propios errores, será lograda gracias a una nueva elevación de los índices del costo de la vida y al establecimiento de nuevas cargas al comercio y la industria nacional. El resultado de esas leyes, indispensables en cierta medida, será desgraciadamente el siguiente: el pueblo pobre y las mismas clases acaudaladas se sacrificarán para que el Gobierno que no ha sabido hacerse digno de la responsabilidad histórica que contrajo el 26 de septiembre, prosiga su carrera de despilfarros burocráticos y de errores financieros.

El país necesita, según un consenso unánime, combatir la miseria en que se degradan progresivamente sus masas con la implantación de grandes reformas sociales. Las modificaciones que se acaban de hacer a la Ley que crea el Impuesto sobre los Beneficios no están llamadas, sin embargo, a agravar la situación del comercio y la industria en favor de las clases menesterosas, sino más bien a refrendar con la sanción legislativa un hecho escandaloso: el del mal uso que se ha hecho y que se continúa haciendo de los dineros del contribuyente dominicano. Es absurdo, por otra parte, aumentar los impuestos en un período de inestabilidad económica como el actual cuando lo que se requiere es, por el contrario, estimular las inversiones y promover la apertura de nuevas fuentes productivas.

Los representantes de la oligarquía en el Gobierno de facto han dado excelentes demostraciones de capacidad en la administración de sus patrimonios personales. Algunos de esos magnates poseen comercios prósperos e industrias florecientes, prueba de la prudencia y de la habilidad con que han sabido conducir sus intereses privados. No se explica, pues, por qué no han aplicado esas mismas dotes en el manejo de la Administración Pública y en la defensa del patrimonio del pueblo dominicano. Semejante incongruencia tiende a confirmar el criterio de que ningún gobierno que represente en el poder a una sola clase, sea la de los grupos acaudalados o sea la de las grandes masas desposeídas, puede ser un buen administrador de la cosa pública. El caso de Vicini Burgos ha sido una excepción en la historia dominicana. Se explica por las condiciones personales de independencia y de austeridad, casi de ascentismo, que existieron en aquel hombre de costumbres ejemplares. Pero ciudadanos de ese tipo no abundan ya en el país, invadido por una concepción totalmente naturalista de la existencia, bajo el dominio de la cual toda la especulación política milita al servicio del éxito utilitario.

Es seguro que los sacrificios del comercio y de la industria, y las privaciones a que serán una vez más sometidos los grupos de bajos ingresos, no bastarán para colmar los vacíos del Erario Público. Para que se llene ese nuevo Tonel de las Danaides, se requiere algo que no se obtendrá ni con la ayuda internacional ni con las leyes 221 y 264: una nueva ética administrativa.

LOS NEO-TRUJILLISTAS *

* New York, publicado en el periódico "El Caribe", edición del 29 de junio de 1964.

En la jerga política dominicana ha aparecido recientemente un término que se viene empleando en comunicados y en artículos con intención profundamente despectiva: el de neotrujillista. Lo extraño del caso es que el calificativo se aplica, con malicia y con descaro, no a los nuevos imitadores de Trujillo sino más bien a las personas que se señalaron por haber ocupado durante aquel régimen dictatorial posiciones civiles o militares de cierta jerarquía. Los únicos que no merecen el sambenito denigrador, sin embargo, son los aspirantes al control político del país que se han improvisado como líderes de la vida nacional y que han vuelto a restaurar los sistemas y a reproducir los vicios que fueron patrimonio característico de aquella turbulenta etapa de la historia dominicana.

La confusión no se debe a ningún error de perspectiva histórica. Obedece, por el contrario, a una táctica comunista que también Trujillo empleó con frecuencia: la de desorientar la opinión pública con un despliegue de calumnias y mixtificaciones. El sistema es sencillísimo y consiste en imputar nuestras propias faltas al adversario no sólo para eludir la responsabilidad de las mismas sino también para mantener asociado el nombre de ese opositor al recuerdo de situaciones cuya sola mención provoca reacciones adversas en la conciencia pública. Los hombres que ocupan actualmente el tinglado político han seguido al pie de la letra la técnica del Kremlin, cuyo sistema de propaganda abarca desde la especie soez hasta la invectiva irresponsable. Fruto de esas mañas inescrupulosas, de inspiración totalitaria, es la palabra que se ha puesto de moda y que se intercala con insistencia calculada en los comunicados de prensa y en las patéticas exhortaciones que se hacen de cuando en cuando para prevenir al pueblo contra el supuesto peligro de una resurrección del régimen pasado: la de neotrujillismo.

Los neotrujillistas no pueden ser, en buena lógica, sino los políticos de nuevo cuño y los dirigentes improvisados, sin experiencia en los negocios públicos pero duchos en leguleyismos y artimañas, que han vuelto a implantar las prácticas y los sistemas del trujillismo en la vida de nuestro país. El hecho de haber colaborado con Trujillo, como lo hizo la inmensa mayoría de los dominicanos, puede justificar que a ese colaborador se le tilde de trujillista y que se le exija inclusive su parte de responsabilidad moral o material en el mantenimiento durante más de treinta años de aquel estado de cosas. Pero la circunstancia de haber sido partidario de Trujillo y miembro del Partido Dominicano no puede servir de base para responsabilizar a nadie del fracaso de los esfuerzos que se han hecho para desarraigar de la vida nacional todo lo que en aquel régimen significaba una negación de la decencia administrativa o un atropello a la dignidad de la persona humana. Los verdaderos responsables de esa inmensa frustración, causa del drama que vive hoy el pueblo dominicano, no son los antiguos seguidores de Trujillo, entre los cuales hubo muchos que abrigaron sentimientos liberales y que mantuvieron viva, en plena dictadura, su sensibilidad democrática, sino los que han desplazado el nombre de Trujillo de la vida pública, pero no los métodos ni los principios que configuraron el régimen de aquel hombre de acero.

Todas las dictaduras latinoamericanas, cuando han sido de larga trayectoria, han corrido como esos ríos que tienen las márgenes cubiertas de espinosa maraña pero en cuyo fondo se mezcla el lodo con el agua de cristalina pureza. Justo Sierra, una de las cumbres más nítidas del pensamiento liberal en la América de habla española, fue Ministro de Educación en la más férrea etapa de la dictadura de Porfirio Díaz. La Era de Trujillo se inició con un crimen monstruoso, el sacrificio de Virgilio Martínez Reina y de su esposa, página no menos abominable que la de la inmolación de las hermanas Mirabal. Pero Pedro Henríquez Ureña, cuyo genio no estaba hecho para brillar en la plaza pública como el mármol de las fuentes y como el bronce de las estatuas, sino para explayarse en el silencio del gabinete y en la serenidad de la cátedra, no se negó aceptar un nombramiento de Trujillo cuando se le pidió que ocupara el puesto que Hostos había dejado vacante como modelador de la escuela dominicana. Manuel Arturo Peña Batlle, sucesor del genio y del patriotismo de Emiliano Tejera, sigue siendo la inteligencia más sólida y la conciencia más pura de su generación a pesar de haber sido en sus últimos años el mentor de Trujillo en el campo de las relaciones internacionales y el teorizante de la magna empresa patriótica que ha pasado a la historia con el nombre de "nacionalización fronteriza".

Pero el fenómeno no es exclusivo de la dictadura de Trujillo y del cesarismo de Porfirio Díaz. Se le encuentra, por el contrario, en todos los caudillajes, desde la época en que Páez gobernó a su país civilmente después de haber contribuido a hacerlo libre con su lanza de centauro, hasta Rosas y hasta García Moreno. Son esas las eternas paradojas de la historia en un continente volcánico en donde no han escaseado los dictadores del tipo del Dr. Francia, opresor implacable durante más de dos décadas de sus conciudadanos, lo que no le impedía leer con apasionamiento a Rousseau y tener como obra de cabecera la "Enciclopedia".

Lo que pesará, pues, en la balanza de la historia, cuando se juzgue a los antiguos colaboradores de Trujillo, es la conducta observada por esos hombres y no su simple vinculación con un régimen que tuvo aspectos constructivos al lado de otros horrorosos. Pero la culpa, si la hubo, tiene necesariamente sus grados. No es la misma en los que sirvieron a Trujillo en las empresas que llevó a cabo su régimen para abolir la deuda exterior y para dominicanizar las fronteras, y en los que a su vez lo ayudaron a levantar sus monopolios y a extender sobre las mejores zonas agrícolas del país los tentáculos de su pulpo azucarero; ni en los que explotaron hábilmente su vanidad para conducirlo muchas veces por el camino del bien y los que actuaron, por el contrario, como instrumentos de su maldad y como ejecutores de sus ráfagas de demencia en las prisiones políticas y en las cámaras de tortura.

La mayor parte de los antiguos colaboradores de Trujillo aceptaron al hombre como se aceptan los decretos de la fatalidad, como se acata el destino; pero repudiaron sus sistemas e hicieron cuanto estuvo a su alcance para disminuir los efectos sobre el pueblo dominicano de ese cataclismo inevitable. En cambio, los que una vez desaparecido Trujillo, han ocupado el vacío que él dejó como conductor del pueblo dominicano, han dado testimonios de repudio al hombre pero de adhesión ferviente a sus métodos abominables. Para identificarse con Trujillo, a los que han recogido su legado sólo les falta la tremenda carga de energía que la naturaleza concentró en aquella individualidad poderosa. En su libro "La práctica y la teoría del Bolchevismo", Bertrand Russel enjuicia así a los revolucionarios de circunstancias, a los que profesan con sentido oportunista sus ideas: "Hay hombres que no sienten más amor por la libertad que el que sintieron los cristianos que, habiendo sufrido bajo Dioclesiano, emplearon a su vez la tiranía cuando fueron ellos los amos". Amarga verdad que a nadie podría aplicarse con tanta razón como a los dirigentes políticos que hoy ocupan el hueco que dejó la desaparición de Trujillo en el escenario dominicano.

EL LEGADO DE DUARTE *

* Versión recogida en cinta magnetofónica que contiene el discurso pronunciado por el autor en el Hotel Park Sheraton, de New York, durante el banquete que le fue ofrecido por la "Juventud Reformista", publicado por primera vez en el periódico "El Caribe", edición del 29 de julio de 1964.

La "Juventud Reformista" ha escogido para la celebración de este acto, una fecha de enorme significaciön patriótica en la historia dominicana: la del 126 aniversario del nacimiento de la sociedad secreta "La Trinitaria". Como la "Logia Lautaro", escenario masónico donde se gestó, en el silencio de una tenaz labor conspirativa, la emancipación de la América del Sur, "La Trinitaria" fue la cuna en que la República Dominicana empezó a nacer como una quimera sostenida por la fe de un visionario: Juan Pablo Duarte.

No es, pues, por una mera coincidencia que los organizadores de este acto lo han querido asociar simbólicamente a aquella conmemoración histórica. La "Juventud Reformista" sabe, como lo saben todos los elementos incontaminados de las nuevas generaciones, que el patriotismo está en crisis en nuestro país y que lo que más falta hace hoy a nuestro pueblo es incorporar a la actualidad nacional la obra y la doctrina del Fundador de la República, no sólo para que se ennoblezca y purifique el pensamiento de los hombres sino también para que se liberen del lastre de la corrupción y la anarquía las instituciones dominicanas. Trujillo desterró a Duarte de las escuelas nacionales. El culto a la personalidad del autócrata, impuesto a través de tres décadas de propaganda sistemática, caló en la mente popular hasta el extremo de que la venerable figura del Padre de la Patria pasó a ocupar un segundo plano en la devoción de varias generaciones de educandos. Para disminuir y empañar su figura, se quiso oponerle la de otro héroe cuya vida y cuyas ejecutorias constituyen una negación de todo lo que Duarte significa para el pueblo dominicano: la del general Pedro Santana. Algunos historiadores de relieve se prestaron a secundar en ese sentido los empeños oficiales, y durante mucho tiempo se citó más en la prensa y en las publicaciones de la Academia de la Historia el nombre del autor de la anexión que el del Fundador de la República. Se intentó inclusive ofrecer a las nuevas generaciones una imagen distinta de la anexión a España. Según esta interpretación capciosa, ese crimen de lesa patria fue una empresa de preservación nacional que se llevó a cabo para impedir la absorción por Haití de la nacionalidad creada el 27 de febrero de 1844. Yo tuve el honor de contarme entre los que se opusieron a esa profanación histórica, y con ese fin publiqué una biografía del Padre de la Patria, El Cristo de la Libertad, que a falta de otros méritos tiene el de ser una apología romántica pero emocionada y calurosa del primero de nuestros próceres, y una crítica sin reservas de las ideas y de los principios que Santana encarnó durante nuestro primer cuarto de siglo de vida independiente.

Pero Duarte, por desgracia, sigue siendo un proscrito en la historia dominicana. Sus huesos, repatriados en 1884, reposan en la tierra que hizo libre, bajo las piedras centenarias del Baluarte en que se proclamó la República, pero sus principios, sus ideas de gobierno, su intransigencia patriótica, su amor a la democracia, su desvelada pasión por la justicia, su culto al derecho y su fe en las instituciones republicanas, siguen tan ausentes de la vida nacional como en los tiempos en que aquel Quijote de la Libertad deambulaba por los desiertos del Río Negro, en la proximidad de las selvas del Brasil, en plena cuenca amazónica y en plena vida salvaje.

Con él ocurre lo contrario de lo que acontece con Trujillo. El cuerpo de Trujillo descansa en tierra extraña, pero sus sistemas, sus ideas de gobierno, su escuela política en una palabra, continúan vigentes bajo la nueva administración en la República Dominicana. El país vive hoy, como en la época que se creyó liquidada el 30 de mayo de 1961, bajo el imperio de la arbitrariedad y bajo el imperio de la violencia. Existen, sí, pero como ayer, sólo en la letra impresa, las garantías individuales. Los principios en que se fundan las libertades públicas, como el del derecho de reunión para fines pacíficos, como el de Habeas Corpus y como el de la inviolabilidad del domicilio, han sido mil veces desconocidos y otras mil veces vulnerados. La amenaza de una orden de deportación pende sobre la cabeza de todo el que ose disentir del criterio de las autoridades. Muchos alegan, para justificar ese eclipse casi total de las libertades civiles, que en el país impera un estado general de indisciplina que debe ser detenido para que la sociedad no se disuelva y para que las instituciones públicas no sean irremisiblemente aniquiladas. Pero entonces, ¿por qué no se pone freno también, y por los mismos motivos, a la desintegración moral que ha invadido las esferas oficiales? ¿Por qué, en otros términos, no se estrangula la corrupción con la misma soga con que se está estrangulando la libertad?

La obra de quienes han conducido en los últimos tiempos los destinos nacionales, tendrá que ser juzgada con severidad y acritud cuando se la enfoque sin pasión desde un ángulo puramente patriótico. Es en este campo donde se ha dado más descaradamente la espalda al ideal duartiano con providencias que tienden a menoscabar la soberanía nacional y a someter a la República al control de intereses foráneos. En la carta que dirigió a Teodoro Heneken, Ministro de Relaciones Exteriores del Gobierno Provisorio, el 7 de marzo de 1865, Duarte condena enérgicamente no sólo la anexión del país a una potencia extranjera sino también a todo tratado –cito sus propias palabras–, "todo tratado que pueda menoscabar en lo más mínimo nuestra independencia nacional, y cercenar nuestro territorio o cualquiera de los derechos del pueblo dominicano". Cuando estas palabras fueron escritas, el país atravesaba por una situación dramática y el gobierno presidido por Gaspar Polanco disponía apenas de recursos para consolidar la empresa reivindicadora iniciada en Capotillo contra la anexión a España. Pero aún en medio de aquella penuria casi total, cuando se carecía de víveres para racionar a la población y hasta de uniformes con que vestir a los soldados que se habían batido heroicamente en los campos de batalla, Duarte no hacía concesiones en su ideario patriótico y continuaba abogando porque se mantuviera intactc el principio de nuestra independencia absoluta. Cuando se habla de arrendar a otro país la bahía de Samaná, se encara de nuevo con el Ministro de Relaciones Exteriores del Gobierno de la Restauración para decirle con increíble energía desde su residencia de Caracas: "Usted desengáñese, señor Ministro, porque nuestra patria ha de ser libre e independiente de toda potencia extranjera, o se hundirá la isla".

Pero el Triunvirato, o el pedazo de Triunvirato que representa en el poder no al pueblo dominicano que lo repudia en su totalidad sino a las ametralladoras que lo sostienen en el mando desde la madrugada del 25 de septiembre, se ha apartado repetidas veces de la línea patriótica que Duarte trazó al pueblo dominicano en una carta que tiene vigencia imperecedera porque la ocasión en que fue escrita la ha investido ante la historia con los honores de un testamento patriótico. Aun las generaciones de hoy, menos sensibles desde el punto de vista patriótico que las pasadas, tienen que sentir su pudor nacional ofendido por muchas de las providencias que se han puesto últimamente en práctica para mediatizar innecesariamente la soberanía dominicana. El Triunvirato tiene el triste honor de haber suscrito algunas de las páginas más controvertibles de toda la historia internacional de la República. El mismo acuerdo del 29 de noviembre de 1869, en virtud del cual se intentó consumar la anexión del país a los Estados Unidos, bajo el gobierno de Buenaventura Báez, tiene en su favor la excusa de la época en que fue negociado, cuando todavía se hallaba en ciernes la conciencia jurídica de la comunidad interamericana. Pero que ahora, a la altura de este año de 1964, cuando se sabe que la nación más poderosa de la tierra, y, entre las grandes potencias, la más respetuosa del derecho ajeno, fue precisamente la que abogó con más énfasis por la incorporación al pacto de Bogotá del principio de la igualdad de los Estados, se pretenda retrotraer la política internacional de la República a los tiempos de Buenaventura Báez, es no sólo un crimen de lesa patria sino también un ejemplo patético de inconsciencia y de insensibilidad ante el empuje arrollador con que el derecho se ha abierto paso en un mundo que sólo en esta última década ha visto tranformarse a treinta colonias africanas, sin el derramamiento de una sola gota de sangre, en treinta nacionalidades independientes.

Aun en el campo puramente económico, la labor del Triunvirato tiende a menoscabar el brillo inmaculado con que salió de las manos de Duarte la soberanía nacional. Ahí está para probarlo la política que se ha seguido en los últimos tiempos para aumentar la deuda pública exterior en proporciones escandalosas. Y ahí está como culminación de esa labor antipatriótica, el acuerdo hecho recientemente con el Fondo Monetario Internacional. En virtud de este convenio la República queda obligada a someterse a todas las condiciones que el Fondo Monetario ha establecido para sus llamadas "Líneas de Crédito Global". Entre esas condiciones impuestas a los países deudores, figura la de ceñirse estrictamente a la política que fije el Fondo Monetario para las operaciones que afecten la moneda y para las transacciones cambiarias. El país deudor pierde, por otra parte, el derecho de legislar libremente en asuntos presupuestarios y fiscales.

En el caso específico de la República Dominicana, el Fondo Monetario ha impuesto limitaciones máximas a las operaciones de crédito que puede hacer el Banco Central y ha fijado encajes estrictos a los propios bancos comerciales para controlar sus actidades crediticias. La República se ha obligado además a reducir con arreglo a normas discriminatorias sus importaciones, a poner al día las cobranzas que existan en favor del comercio extranjero de exportación en los bancos dominicanos y a congelar los salarios de los empleados de la Administración Pública y de los organismos autónomos que funcionen como dependencias indirectas del Estado. Pero eso no es todo, con ser tanto. El Fondo Monetario ha exigido también, como condición para otorgar el préstamo de 25 millones de dólares con que el Triunvirato corona su nefasta labor de inmadurez administrativa, que se reduzca la deuda que el Estado tiene pendiente con el Banco de Reservas y que asciende a más de cuarenta millones de pesos. Esa es la causa por la cual el Gobierno dominicano, como cualquier deudor en bancarrota, ha tenido que traspasar al Banco de Reservas una serie de solares y otros bienes raíces para la amortización de la deuda contraída con esa institución bancaria. El Banco de Reservas, a su vez, se ha obligado a amortizar la deuda pendiente con el Banco Central. En cuanto a la Corporación Azucarera Dominicana, una de las empresas estatales que han sido administradas con criterio político más bien que económico, razón por la cual se encuentra prácticamente en ruina, el Gobierno ha asumido la obligación de financiar las zafras venideras en caso de que los bancos extranjeros no acuerden a esa entidad los créditos necesarios para esos fines en el curso de los próximos años.

En una palabra, el Gobierno dominicano, colocado en la afrentosa situación de un deudor en quiebra, ha obtenido un nuevo préstamo de varios millones de dólares pero ha tenido que abdicar, en cambio, en manos extranjeras, el derecho que tiene todo país de dirigir su propia política fiscal y de elaborar su propia política monetaria. He aquí, señores, cómo una crisis que pudo ser resuelta con simples medidas de austeridad, con cortes heroicos en la ley de gastos públicos, ha tenido que ser superada con cortes sí, pero con cortes profundos en el paño de nuestra dignidad nacional, ya tan comprometida y tan menoscabada.

La miseria obliga muchas veces al hombre, como a los gobiernos, a aceptar imposiciones vejaminosas, incompatibles con su honor o su delicadeza. Existe siempre una excusa cuando las situaciones de esa especie son hijas de la fatalidad o de los vaivenes de la fortuna. Pero la conducta de un gobierno que sacrifica por apetito de mando atributos sustantivos que forman parte del patrimonio moral de una nación, de la herencia intangible que debe transmitirse intacta en la continuidad de las generaciones, es tan vituperable como la del hombre que por amor al vicio o por afán de lucro expone en una mesa de juego no sólo el pan sino también la honra de su familia.

Ahora bien, señores, la crisis que actualmente nos azota no se debe a que el país haya sido asolado por una guerra, ni obedece tampoco a la existencia de un estado de calamidad pública como el que provocó el flagelo del cólera en 1867 o el de la epidemia de influenza que arrasó a media isla en 1918. El país no ha sido víctima en una palabra, de ninguno de esos accidentes telúricos que se desencadenan a veces, como un castigo celestial, sobre los muros de las ciudades malditas. No. Toda esa devastación social, toda esa devastación económica, toda esa devastación política, es obra, por el contrario, de las apetencias desmedidas de la ambición humana.

La obra de la minoría que se ha apoderado del país, como de un botín de guerra, no sólo provoca un sentimiento de repulsa sino también de pasmo. Héla aquí, en síntesis: en el orden económico, ha alterado profundamente el equilibrio de la balanza de pagos, ha desvalorizado de hecho la moneda, ha reducido a polvo el potencial industrial de las empresas confiscadas, ha hecho descender a niveles irrisorios la producción agropecuaria, y ha comprometido el porvenir de la nación con una deuda pública de proporciones descomunales; en el orden social, ha desajustado los salarios y ha aniquilado el movimiento obrero que había surgido, después de la pulverización de la vieja Confederación de Trabajadores Dominicanos, con una poderosa conciencia gremial y con un fuerte sentido de solidaridad democrática de las organizaciones sindicales; y, en el orden político, ha apartado al país del régimen de las instituciones para precipitarlo en el abismo de la ilegalidad que no es sólo una fuente inagotable de abusos y enriquecimientos ilícitos sino también una situación generadora de excitaciones subversivas; ha convertido en materia de escarnio las libertades individuales; ha sustituido el estado de derecho que empezó a nacer el 27 de febrero de 1963 por un verdadero estado policial, y ha sembrado, en fin, el desaliento, la confusión, la inseguridad y el caos en la vida dominicana.

¿Qué derecho tienen, señores, a seguir dirigiendo los destinos del país quienes han dado tales pruebas de incapacidad y tales evidencias de inmadurez política? La respuesta no podría hacerse esperar: bastarían diez años de predominio de esa clase gobernante para que el país quede definitivamente arruinado. Pero lo peor no es lo que esa minoría ha hecho para detener el progreso del país y para destruir muchos de sus recursos vitales, sino lo que ha impedido que se haga en favor del pueblo dominicano. Las posibilidades que esa minoría ha malogrado, las esperanzas que ha destruido, y, por vía de consecuencia, el pesimismo que ha esparcido en el alma nacional, constituye un crimen de lesa patria más lamentable aún que el de su propia obra negativa. Lo que han demolido es menos, considerablemente menos que lo que no han dejado que se construya. Económicamente, cuando la horda de cartagineses que ha invadido el tinglado de la política nacional suelte su presa, del país no quedarán más que los cimientos, las piedras con que habrá que comenzar de nuevo a reconstruirlo todo, desde el agro hasta la banca y la moneda. Socialmente quedará como balance de esa labor demoledora un país dividido en dos clases, la de los muy ricos y la de los que sólo disponen del consuelo de vivir de las limosnas que actualmente reparten entre las clases indigentes de la República Dominicana las instituciones de caridad sostenidas por la filantropía extranjera. Políticamente, en fin, seremos un pueblo lleno de odios y de frustraciones, incapacitado tal vez por largos años para la acción civilizadora y para la convivencia democrática.

La crisis nacional es, pues, de tal magnitud, que requiere una solución urgente, de ser posible una solución inmediata. Esa solución no puede ser otra que la de una nueva consulta electoral en que el pueblo sea llamado a expresar libremente su voluntad soberana. Pero el régimen actual sabe que la opinión de la inmensa mayoría del país le es adversa y que el partido político que le sirve de soporte carece, por su parte, de posibilidades electorales. Por eso se vale de toda clase de subterfugios para demorar el proceso eleccionario. Y hay que convenir en que después de todo a los mandamases de turno no les falta razón. El poder de que disfrutan es un poder absoluto que se ejerce sin ninguna clase de control: sin una Cámara de Cuentas que fiscalice de manera efectiva las erogaciones presupuestarias, sin Congreso moderador, sin justicia independiente y sin el contrapeso eficaz de una opinión pública verdaderamente organizada. Los beneficiarios de semejante situación viven, pues, en el mejor de los mundos, como Alicia en el país de las maravillas.

Su caso es comparable al del héroe de aquella fantasía de "El Molino y el Caracol del Faro" en que Gabriel Miró refiere que un ángel viene a establecerse en la tierra para satisfacer su deseo de vivir en contacto con las miserias humanas. Pero el visitante celeste se acostumbra pronto a las cosas de los hombres. Se le caen las alas. Le crece la barba. Siente poco a poco deseos ruines y concibe pensamientos torcidos como la mayoría de los mortales. Pero he aquí que un día viene un querubín a buscarle. Entablan conversación. El ángel se queja del mundo y transmite a su interlocutor una impresión pesimista sobre la condición humana. El querubín le dice entonces: "Sea. Regresa conmigo al cielo". Pero el ángel rechaza la insinuación con esta respuesta negativa: "Si regreso al cielo, tendría que dejar de pecar; ¡Y el pecar es tan dulce!".

El retorno a la constitucionalidad, con elecciones o sin ellas, tendría para los detentadores del poder en nuestro país una significación parecida a la que el regreso al cielo hubiera tenido para el héroe de esta fantasía: equivaldría a cambiar una vida de concupiscencias y de gajes por otra de respeto a la ley y de sometimiento absoluto a una nueva norma disciplinaria.

Al país le queda todavía otro camino en caso de que se insista en mantener la vía normal de las elecciones indefinidamente bloqueada: el camino de la violencia. Pero Dios no permita que el pueblo dominicano tenga que apelar a este extremo para organizar de nuevo constitucionalmente la vida del país. Todo acto de subversión altera necesariamente el equilibrio público. Es esta una verdad que ha puesto mil veces en evidencia la propia historia dominicana. Pero también es cierto que el poder acaba por ser aniquilado cuando quienes lo detentan olvidan, primero: que en el campo de la historia, como en el mundo de la energía física, todo tiende a salir del elemento agitado para buscar la seguridad ambiente, y segundo: que la única autoridad que honra y la única digna de respeto no es la que nace de la imposición de las armas sino la que emana de poderes legalmente constituidos.

No falta, desde luego, quienes acarician todavía en el país la idea de que podemos salir de la crisis actual por una puerta que debe permanecer definitivamente cerrada: la de una nueva dictadura. Los que así piensan son todos aquellos que todavía viven en la República Dominicana como la mujer de Lot: con la cara vuelta hacia el pasado. Pero yo me pregunto: ¿dónde está el dictador? En el seno de la minoría que gobierna hay sin duda muchos hombres audaces, muchos hombres ambiciosos y muchos hombres que carecen de toda sensibilidad democrática. Pero entre ellos no ha surgido hasta este momento uno solo con arrestos de cíclope o con mirada de águila. Se podría empuñar la linterna de Diógenes y recorrer inútilmente con ella el país entero en busca de ese centauro, mitad monstruo y mitad ser humano. Decía Martí que las montañas culminan en picos y los pueblos en hombres. En ciento veinte años de vida independiente, sólo hemos tenido cinco autócratas con garras de león, uno por cada cuarto de siglo.

La primera República produjo a Santana y a Buenaventura Báez; la segunda vio surgir, casi en sus postrimerías, a Ulises Heureaux y a Ramón Cáceres, el primero un gigante de ébano con la estatura de Goliat; y el segundo semejante a David por la gallardía y el vigor de su honda liberadora; y la tercera República, en fin, como culminación del proceso doloroso de una intervención extranjera, abortó sorpresivamente a Trujillo. Pero el camino de Santana hacia el Capitolio fue abierto con las armas de la epopeya; Báez fue, además de un gobernante sin escrúpulos, la inteligencia política más fina de su época; Ulises Heureaux fue un bárbaro a quien la naturaleza engrandeció con una chispa del genio de maquiavelo; Ramón Cáceres, organizador de las finanzas nacionales y pacificador del país, poseyó en grado sumo una virtud que en gobernantes de su clase es superior al genio: la habilidad administrativa, y a Trujillo, finalmente, se le podrían negar todas las virtudes, menos la de un don de mando que ha sido pocas veces igualado en la historia nacional y la de un instinto diabólico que no cabía en una cáscara de nuez. Porque lo cierto es señores, que hasta para hacer el mal, cuando el mal está destinado a figurar entre las fuerzas impulsoras del carro de la historia, hay que poseer aptitudes no ejemplares, pero sí aptitudes no comunes. Un demagogo como Marat, un gendarme como Fouche, un fanático poseído por el delirio de la revolución como Robespierre, puede apoderarse de la voluntad de un pueblo en un momento dado y estremecer con su palabra a una asamblea; pero se necesita el genio de Richelieu o la mano de Napoleón para sacudir a toda Francia. La dictadura, pues, ni es solución, ni hay nadie actualmente en el país que reúna en sus manos aptitudes y poderes suficientes para ofrecer esa iniquidad como una tabla de salvación a la angustia dominicana.

Por más artimañas que se pongan en juego y por más especulaciones que se hagan, la crisis nacional sólo tiene una salida: la consulta electoral. Pero para llegar a esa fórmula tan sencilla, tan natural, tan jurídica, tan fácil y tan justa, habría que desprenderse de las ambiciones y empinarse hasta la altura de esa montaña del patriotismo y de la abnegación que se llamó Juan Pablo Duarte.

Nuestro país volverá a ser un pueblo bien gobernado, una nación ejemplar, una comunidad civilizada, cuando el pensamiento de cada dominicano se identifique con el Fundador de la República; cuando todos seamos capaces de decir del Padre de la Patria lo que decía Miguel Ángel del Dante: que por su duro destierro y su virtud hubiera dado con gusto todos los imperios del mundo; cuando cada uno de nosotros sienta arder en su corazón una chispa, una chispa siquiera, de la llama patriótica en que se consumió la existencia de aquel Cristo de la Libertad, a quien se hizo objeto de todos los vejámenes y de todas las injusticias, pero que una vez, mientras apuraba las últimas gotas de acíbar en el destierro, oyó a un compatriota acusar con amargura de ingratitud a la tierra natal, y se volvió hacia él indignado para reprenderle con estas palabras que salieron de sus labios acompañadas de un profundo suspiro: "¡La patria! El día que la olvide, será el último de mi vida".

SANCIONES RETROSPECTIVAS *

* New York, publicado en el periódico "El Caribe" edición del 31 de julio de 1964.

La dirigencia de la Unión Cívica ha exigido, en el comunicado que aparece en la prensa nacional del 5 del cursante, que se proceda a una nueva depuración de las Fuerzas Armadas. Es la segunda vez que esa agrupación política se dirige al Ejecutivo Nacional para pedir que los institutos castrenses sean objeto de una purga que los libere de todos los elementos que hayan participado, en su condición de agentes de un cuerpo militar, en actividades delictuosas.

La primera vez fue en la carta del 11 de agosto de 1961. En esa ocasión, la solicitud de la Unión Cívica, todavía investida de autoridad moral como asociación patriótica, fue atendida por el Poder Ejecutivo, y un numeroso grupo de oficiales fue separado de las filas de las Fuerzas Armadas. Los hombres de uniforme afectados por esa medida ejemplarizadora fueron todos aquellos que se habían identificado, a los ojos de la opinión pública, con actos de represión contra la ciudadanía durante la Era de Trujillo. Algunos habían actuado simplemente, en cumplimiento de órdenes emanadas de la alta jerarquía militar, en servicios para resguardar la paz, amenazada por actos francamente subversivos, pero su licenciamiento era en aquel momento necesario para reconciliar a las Fuerzas Armadas con la inmensa mayoría del pueblo dominicano. La carta del 11 de agosto, en el momento en que fue hecha pública, respondió, pues, a un clamor popular. El país acababa de salir de una pesadilla de treinta años. Con razón o sin ella, la opinión de algunos sectores populares atribuía a determinados jerarcas del orden militar la responsabilidad de muchas de las actividades más abominables del régimen pasado, sobre todo de las torturas contra los presos políticos y de las ejecuciones de los expedicionarios que fueron victimados sin respeto a los usos que se siguen en tales circunstancias en todas las naciones civilizadas.

Los más beneficiados con aquellas medidas fueron, en consecuencia, los propios institutos castrenses. Gracias a ellas, los demás militares, los cuales constituían la inmensa mayoría del personal adscrito a las tres armas, quedaron liberados de culpa a los ojos del pueblo y podían reincorporarse libres de toda sospecha al seno de la sociedad dominicana. Fue eso precisamente lo que ocurrió, como lo demuestra el hecho de la aureola de respeto público que rodeó a los miembros de los cuerpos armados, desde aquella fecha hasta que acontecimientos bien conocidos intervinieron más tarde para crear nuevas barreras de incomprensión y hasta de hostilidad entre la población civil y la población uniformada.

Pero la petición de la Unión Cívica interviene ahora en circunstancias diferentes de las que imperaban en el país en los meses inmediatamente posteriores al 30 de mayo. Esta fecha divide la historia del país en dos épocas: la que abarca la dictadura y la que se inicia entonces con el restablecimiento gradual de los derechos civiles que durante tres largas décadas habían permanecido conculcados. De los hechos de sangre que se registraron en la primera etapa, sólo hubo un hombre responsable porque en sus manos residían todos los resortes del poder público y porque la naturaleza del régimen por él creado no permitía ninguna otra intervención en esferas que, como las de las eliminaciones físicas, fueron siempre de su incumbencia exclusiva. Pero de los acontecimientos que se registraron en el país después que se inició la segunda de las etapas señaladas, son responsables no sólo los autores de todo acto reñido con la moral o con la ley, sino también los instigadores que hayan actuado en tales ocurrencias como cómplices intelectuales. Una depuración, pues, de las Fuerzas Armadas plantea en estos momentos problemas de responsabilidad que antes no existieron, y que no carecen de importancia por las implicaciones que necesariamente tendrían contra personas respetables e influyentes en la vida dominicana.

El primer problema que surge ante la solicitud de la Unión Cívica es el de saber si la depuración solicitada debe o no incluir a los militares que actuaron, en cumplimiento de órdenes superiores, en el genocidio de Palma Sola. El segundo, si la sanción debe o no comprender a los oficiales y soldados que participaron en las acciones punitivas de Las Manaclas y San José de Ocoa. El tercero, si la responsabilidad derivada de esos hechos debe limitarse a los agentes del orden público o si debe extenderse también a quienes instigaron esos hechos de sangre, como los autores de las famosas circulares y de los célebres comunicados en que se pidió a las autoridades, con posterioridad al 7 de octubre de 1963, que se hiciera una purga ejemplarizadora en las montañas y que se procediera contra la juventud de ideas liberales sin ninguna lenidad y sin ningún género de contemplaciones.

El carácter del régimen de Trujillo, no sólo el más férreo que ha existido en la República sino también el que ha centralizado en manos de un solo hombre la mayor suma de poderes, puede servir hasta cierto punto de excusa a muchos hechos monstruosos que acaecieron en aquella etapa de prueba para la ciudadanía dominicana. Hubo entonces una inhibición de las voluntades individuales, oprimidas por el corset de hierro en que vivió también encerrada la conciencia colectiva. La mejor sociedad dominicana aceptó el régimen pasado como un cataclismo, y nadie, absolutamente nadie, dispuso de los instrumentos adecuados para protestar de ninguno de los genocidios oficiales. Es más, fue del seno del propio Gobierno, del corazón del régimen, de donde surgieron los hombres que escenificaron el atentado del 30 de mayo. Los héroes que vinieron de fuera, con la bandera de la democracia en las manos, contaron sin duda con la simpatía de la universalidad del pueblo dominicano, pero su gesto no fue secundado en el momento preciso por un movimiento de opinión como el que acompañó a Fidel Castro cuando todavía el rebelde de la Sierra Maestra encarnaba los ideales de la regeneración cubana.

Pero en la actualidad es distinto. Ahora los dominicanos no actúan bajo la presión de una fuerza despótica de proporciones superiores a toda resistencia humana. Cada quien es actualmente responsable de sus actos y de sus pensamientos, de sus hechos y de sus inspiraciones. Hay, pues, en cada individuo, como en cada agrupación política, un sentido de responsabilidad que no existía ni pudo humanamente existir cuando todo se hallaba en el país bajo el imperio de una voluntad que, en su radio de acción, fue todopoderosa.

Lo cuerdo sería, pues, no revivir de nuevo el problema de la responsabilidad en el seno de las Fuerzas Armadas. Lo que haya que hacer con los institutos castrenses para reconciliarlos definitivamente con la nación, debe dejarse al gobierno que surja de las próximas urnas electorales. Será entonces el momento de decidir los grandes problemas que plantea la existencia de contingentes militares superiores a las necesidades del país. Sólo un gobierno nacido de la voluntad popular puede inspirar suficiente confianza para la realización de esta tarea tanto a la ciudadanía como a los propios cuerpos armados. Por otra parte, la situación actual, ya de por sí explosiva, requiere solidaridad y concordia. Lo prudente sería que el silencio, un silencio reparador, sellara los labios de los profesionales del resentimiento. Además, ¿por qué hablar solamente de la depuración de los institutos castrenses cuando es toda la Administración Pública la que necesita ser depurada?

LA CRISIS FINANCIERA DE 1964 *

* New York, publicado en el periódico "El Caribe", edición del 19 de agosto de 1964.

El discurso leído por el Presidente del Triunvirato el 9 del mes en curso, contiene una serie de inexactitudes que obedecen evidentemente al deseo de eludir la responsabilidad del desastre financiero a que ha conducido al país su actual clase directora.

El atraso de las cobranzas actualmente en poder de los bancos comerciales se debe, según ese discurso, al "aumento desmedido de las importaciones", hecho que entraña "el peligro de que se debilite la solidez del peso dominicano". La responsabilidad de esa política infortunada recae, según el autor del discurso de marras, sobre los regímenes anteriores al del Triunvirato, especialmente sobre Trujillo y sobre el gobierno que rigió los destinos del país hasta el 1º de enero de 1962. Para justificar su tesis, el Presidente del Triunvirato apela a las estadísticas relativas a las importaciones y exportaciones del país durante el período comprendido entre los años 1946 y 1962. Según ese cuadro estadístico las importaciones se redujeron durante los últimos años hasta ascender sólo a $69,400,000 en 1961.

El argumento no sólo es especioso sino también pueril. Para justificar la deducción que saca el Triunvirato de las estadísticas citadas, lo que habría que establecer es que durante el lapso a que se alude, las importaciones superaron a las exportaciones y que el desequilibrio de la balanza de pagos, consecuencia de aquel hecho, dio lugar a que el país no dispusiera de las divisas necesarias para mantener al día las cobranzas internacionales. Pero lo que ocurrió fue exactamente lo contrario de lo que se insinúa graciosamente en el discurso del 9 de agosto: tanto las importaciones como las exportaciones descendieron en los años a que se hace referencia, pero la balanza de pagos aún en medio de la tremenda depresión económica desencadenada por hechos bien conocidos (el ascenso al poder de Fidel Castro, las invasiones de junio de 1959, las sanciones impuestas al Gobierno por la Quinta Reunión de Cancilleres, etc.) continuó siendo favorable a la República Dominicana. Todavía a fines de 1961, cuando ya la familia Trujillo preparaba su huida y había acaparado la totalidad de las divisas provenientes del azúcar, el café y el cacao, las cobranzas atrasadas en poder de los bancos comerciales sólo ascendían a $6,345,000. El Gobierno que entonces presidía los destinos del país, sin embargo, tuvo la previsión de adquirir dos millones de dólares en barras de oro que se depositaron, por cuenta del Banco Central de la República, en el Banco Federal de Reservas de los Estados Unidos. Fue esa una medida inspirada en la necesidad de restaurar poco a poco las defensas de la moneda nacional y de sustraer a la voracidad de la familia Trujillo las pocas divisas de que a la sazón disponía el Gobierno dominicano.

El autor del discurso del 9 de agosto se refiere también, para justificar la política del Triunvirato en las circunstancias actuales, al acuerdo suscrito por el Gobierno con el Fondo Monetario Internacional en 1959. Pero el Stand-by de entonces no obedeció a las mismas razones que el de 1964. Fue el pago de casi treinta millones de dólares a varios bancos extranjeros lo que dio lugar a aquel acuerdo. El país se desprendió de esa cuantiosa cantidad de divisas para pagar la deuda contraída por la Azucarera Haina, C. por A., con los fines siguientes: la adquisición de varios ingenios pertenecientes a la West Indies Sugar Company (Barahona, Consuelo, etc.); las nuevas inversiones que supuso la central azucarera en Esperanza, y la modernización del equipo mecánico de esas factorías que quedaron felizmente en poder del pueblo dominicano.

El país pudo resistir aquella sangría de divisas gracias a la estabilidad de su balanza de pagos y al control que las autoridades correspondientes mantuvieron sobre las importaciones. Las condiciones en que se llevó a cabo aquel acuerdo, fruto de la locura en que incurrió Trujillo al pretender acaparar para su beneficio exclusivo el negocio del azúcar en todo el territorio dominicano, no fueron ni tan deprimentes ni tan onerosas para la soberanía de la República como las que han servido de base al Stand-by de 1964. Las consecuencias de ambos acuerdos, por otra parte, son fundamentalmente distintas para el pueblo dominicano: el Stand-by de 1964 se traduce en nuevos e ingentes sacrificios para el país, especialmente para sus clases desheredadas, y el Stand-by de 1959, con todo y haber sido un acto de imprevisión que desequilibró el sistema bancario nacional y que privó al país de casi la totalidad de sus reservas monetarias, está ahí convertido en un imperio azucarero que pudo haber sido una bendición para el pueblo dominicano si se le hubiera administrado desde un principio con mano honesta y con un sentido sanamente económico.

Otro error en que ha incurrido la persona que redactó el discurso del 9 de agosto, es el del efecto que atribuye, en relación con la crisis actual, a la rebaja que se hizo en 1961 a los impuestos que gravaban los artículos de consumo, como el arroz y el aceite comestible, y a la supresión de los que a su vez gravaban el café, el cacao y el tabaco.

Estas medidas dieron lugar, como señala el Triunvirato, a una merma de treinta millones de pesos en las entradas fiscales. El hecho es cierto. Pero ¿qué tienen que ver esas providencias con el atraso de las cobranzas internacionales? Las medidas de que se trata no podían tener efecto directo más que sobre la Ley de Gastos Públicos. Ese temor fue expresado por un miembro del Consejo de Estado en un discurso dirigido a la nación en marzo de 1962. Pero los hechos demostraron que no sólo no se alteró el equilibrio fiscal sino que las recaudaciones mejoraron considerablemente con posterioridad a esa reforma impositiva. La depresión en que quedó la economía del país después de la muerte de Trujillo desapareció gracias a esas medidas. En vano se ha querido subestimar el efecto benéfico de esa política sobre el campo de la iniciativa privada. El propio autor del discurso del 9 de agosto ha tenido que inclinarse ante esta realidad irrefutable: "En este período –dice textualmente– los gobiernos dominicanos que se han sucedido han podido cubrir sus gastos sin dejar un balance deficitario en el presupuesto".

El Triunvirato intenta relacionar también el atraso de las cobranzas y la crisis que afecta hoy al país con la distribución de los fondos del Partido Dominicano. Pero ¿qué relación pueden tener los fondos de esa agrupación política con el volumen de las divisas en poder del Banco Central y con el equilibrio de la balanza de pagos? El argumento, traído por los cabellos, sólo se explica como un truco partidista. Aún, considerado como tal, es más capcioso que convincente. Los únicos fondos que pueden calificarse propiamente como "fondos del Partido Dominicano" son los que esa agrupación percibía por concepto del descuento de diez por ciento que se hacía a los sueldos de todos los servidores de la Administración Pública. El saldo de esos fondos, una vez liquidado el Partido, fue enviado con un informe contabilizado por contadores públicos a la Secretaría de Finanzas. Lo que se distribuyó al pueblo fue la suma que la familia Trujillo puso a disposición del suscrito para la campaña política que debía adelantarse con motivo de las elecciones proyectadas para el mes de mayo de 1962. Este dinero recibió el destino que debió recibir: ir a manos de un vasto sector de la clase trabajadora en vez de ir a diluirse en las arcas de unas cuantas familias privilegiadas.

El Triunvirato se queja amargamente de que la pérdida de los treinta millones de pesos que el Fisco dejó de percibir a causa de la reducción y supresión de impuestos contempladas en la reforma impositiva de 1961, no le haya permitido "desarrollar un programa adecuado de inversiones para el desenvolvimiento nacional". El autor del discurso del 9 de agosto confunde evidentemente los hechos que han incidido en la crisis dominicana.

Es obvio que lo que no ha permitido llevar a cabo ese programa constructivo es el hecho de que se esté dedicando más del sesenta y cinco por ciento de los recursos fiscales al sostenimiento del Servicio Exterior y de un tren burocrático que gravita como un enorme parásito sobre la economía dominicana. Un ex-miembro del Triunvirato, el señor Tavares Espaillat, lo reconoció así honradamente en la exposición que hizo al país el 9 de octubre de 1963, donde expresó que de cada peso que recaudaba el Fisco se invertían sesenta y cinco centavos en actividades totalmente improductivas.

También se duele el residuo del Triunvirato de que se haya atribuido a su falta de previsión el actual desastre financiero. Para eludir la responsabilidad que le incumbe en ese derrumbe económico, el autor del discurso del 9 de agosto apela al hecho de que el azúcar se vendió al iniciarse el presente año a 12 centavos la libra, mientras que en la actualidad, "debido a fenómenos mundiales, su precio ha descendido a cuatro centavos y medio por libra". Pero en eso precisamente consiste la imprevisión: en no haber advertido que el alza extraordinaria del azúcar obedecía a factores circunstanciales, necesariamente de corta duración, y que aquel era el momento adecuado para solventar las cobranzas internacionales ya vencidas y para separar una reserva suficiente de divisas para los días críticos en que "las vacas gordas" desaparecieran del mercado azucarero. Para eso son los estadistas: para advertir, con el don de segunda vista con que se supone que los ha dotado la naturaleza, no sólo las contingencias presentes sino también las futuras.

Bien está que el residual del Triunvirato legisle, si así lo desea, y que legisle descabelladamente, para el pobre pueblo dominicano. Lo que no es concebible es que quiera cambiar también las leyes de la ciencia económica.

UN GOBIERNO
EN INTERDICCIÓN *

* New York, publicado en el periódico "El Caribe", edición del 29 de agosto de 1964.

El Triunvirato acaba de apelar, para cumplir con las exigencias impuestas por el Fondo Monetario Internacional como condición para el préstamo de veinticinco millones de dólares recientemente suscrito, al patriotismo del pueblo dominicano y al espíritu de sacrificio con que el país ha acudido siempre en ayuda de sus gobiernos para superar las grandes catástrofes nacionales. Se ha pedido esa colaboración a las fuerzas vivas de la nación entera. Pero el peso principal del sacrificio que se ha solicitado debe recaer, primero, sobre el sector obrero; segundo, sobre la industria y el comercio, y, tercero, sobre las clases adineradas.

La patria se halla evidentemente en peligro porque lo que está en juego no es sólo la suerte de la presente generación sino también el destino de las generaciones sobre las cuales debe recaer el tremendo pasivo representado por una deuda pública que cada día crece en proporciones desmesuradas. Nadie puede, pues, vacilar ante el reclamo de las autoridades, arrastradas por sus propios errores a un callejón sin salida. Pero el sacrificio que se pide al país debe ser condicionado como lo ha sido, por parte del Fondo Monetario Internacional, a la apertura de una línea de crédito de hasta 25 millones de dólares.

La primera que debe sacrificarse es la clase trabajadora. Una de las leyes con las cuales se trata de poner remedio a la crisis que agobia al país, impone al trabajador dominicano la obligación de contribuir con una parte mayor de su salario al sostenimiento de los servicios de la Caja Dominicana de Seguros Sociales. Con los recursos que esa nueva aportación de la clase trabajadora pondría a disposición de esa entidad, podrán ampliarse los grandes centros hospitalarios y los pequeños establecimientos de salud que dependen de la institución de los seguros sociales. En el campo vastísimo de la seguridad social podrían adquirir un desarrollo a tono con los tiempos algunas prestaciones que, como la de vejez y la de invalidez, todavía se aplican en nuestro país en condiciones sobremanera precarias e incompletas. Pero el obrero no debe acceder al sacrificio que se le requiere sino a condición de que se respete la autonomía de la Caja de Seguros Sociales, de que se cancele la deuda que el Gobierno tiene pendiente con esa institución, de que el Estado contribuya al sostenimiento de los servicios comprendidos en la seguridad social con una suma calculada según la importancia anual de los salarios cotizables, y de que la legislación actual se modernice en beneficio de la clase trabajadora.

El movimiento obrero nacional ha sido prácticamente aniquilado. La intervención del Gobierno en ese campo se ha caracterizado en los últimos tiempos por el empeño de someter al control oficial las organizaciones profesionales. El atropello a las libertades ciudadanas (al derecho de reunión para fines pacíficos, especialmente) aclimatado ya como un sistema que retrotrae al país a una época anterior a 1961, tiende forzosamente a desnaturalizar el sindicato y a suprimir su misión como órgano establecido para la defensa de los trabajadores. Una de las condiciones a que la clase trabajadora debe supeditar su cooperación en estos momentos de apuros, es, por consiguiente, la de que se respete la independencia del movimiento obrero y se garantice la formación de líderes sindicales que laboren para su clase y contribuyan a hacer del sindicalismo una de las piezas maestras de la democracia dominicana.

Las nuevas leyes dictadas por el Triunvirato afectan también al comercio y a la industria, en grado todavía mayor que a las clases desposeídas. El alza del costo de la vida que resultará inevitablemente del aumento de un 15 % sobre las mercancías importadas, del sobreprecio de la gasolina y de otras providencias del mismo tipo anunciadas por el Gobierno el 19 del mes de agosto en curso, se traducirá en una reducción del volumen de las operaciones comerciales. El aumento de las contribuciones del grupo empresarial para los seguros sociales, provocará nuevas alzas de los costos de producción juntamente con una agravación del proceso inflacionario que tiende a hacerse crónico como en todo país donde ese fenómeno no surge como una consecuencia del crecimiento económico sino de la merma de la producción y de la falta de una política inteligente que favorezca la aplicación de los recursos nacionales a inversiones reproductivas.

Es obvio, no obstante, que ni el comercio ni la industria, los dos sectores que deben hallarse más interesados en nuestra rehabilitación económica, pueden negar su concurso a una obra que no podría llevarse a cabo sin la cooperación de todas las fuerzas vivas nacionales. Pero el sacrificio impuesto a nuestros comerciantes e industriales no debe ser gratuito. Debe estar sujeto, como el del sector obrero, a ciertas condiciones, indispensables para que no resulte estéril su actitud cooperativa. La primera de esas exigencias debe tender lógicamente a que se implanten medidas que impidan la repetición del actual estado de cosas. Si no se deja a un organismo independiente de carácter técnico, como la Junta Monetaria, el control de las divisas, para sustraerlas a los manejos de la política y a la intervención de intereses particulares con influencia en las esferas oficiales ¿quién podría asegurar que al cabo de algunos meses no se producirán nuevas evasiones de moneda extranjera y que no se reanudará el problema de las cobranzas atrasadas? No menos saludable sería que se exigiera al Gobierno la adopción de una política económica definida. Para salir del actual estancamiento sólo hay un camino: el aumento de la producción. Esta empresa no puede ser realizada, como es obvio, si no se emplean recursos suficientes en inversiones reproductivas. Estos recursos sólo pueden provenir de las recaudaciones fiscales; pero se sabe que éstas se dedican, de acuerdo con la Ley de Gastos Públicos vigente, a actividades que nada tienen que ver con nuestro desarrollo económico. El país no puede seguir dependiendo del auge artificial que se produjo en las actividades comerciales como consecuencia lógica del aumento de los sueldos y salarios y de las bonificaciones hechas a sus servidores por las empresas intervenidas. Existe otra fuente proveedora de recursos para la inversión pública: la del financiamiento internacional. Pero es bien sabido que el Gobierno sólo ha usado los fondos provenientes de la ayuda extranjera para obtener divisas, para gastos de operación administrativa y para inversiones de infraestructura (autopistas, edificios escolares, etc.), cuya acción sobre el crecimiento económico es necesariamente dilatada.

Lo sensato sería, pues, que el Gobierno, antes de apelar a la cooperación de la clase trabajadora y de las fuerzas vivas de la nación, principalmente de la industria y del comercio, presente un plan en que consten las obras que se propone realizar para promover la producción nacional y la forma en que los recursos extraordinarios que se deriven de los nuevos impuestos van a ser utilizados en inversiones verdaderamente reproductivas. La magnitud del desequilibrio entre el déficit de la producción nacional y el exceso del poder adquisitivo de las masas, determinado en gran parte por el alza de los sueldos y salarios y por las bonificaciones, requiere una inversión anual en obras reproductivas de no menos de 70,000,000 de pesos. El plan a que se alude debe tener, como es lógico, carácter prioritario, para que la mayor parte de las disponibilidades del Estado se canalicen hacia el sector agrícola.

El Fondo Monetario Internacional ha dado el ejemplo: el crédito de 25 millones de dólares del Stand-by ha sido supeditado a condiciones rigurosas, mayores que las que se acostumbra a exigir en operaciones de esa naturaleza. Las fuerzas vivas del país (obreros, comerciantes, industriales, etc.), podrían subordinar el sacrificio que les pide el gobierno al cumplimiento por parte de éste de ciertas condiciones, indispensables si es que se quiere tener seguridad de que los fondos que provengan de los nuevos impuestos no serán utilizados en nuevos despilfarros o en nuevas aventuras administrativas. Es al propio gobierno a quien más le convendría ser tratado como lo que es: como un menor, sujeto a un estado de interdicción como administrador de la cosa pública.

EL CÁNCER DOMINICANO *

* New York, publicado en el periódico "El Caribe", edición del 19 de septiembre de 1964.

La ley en virtud de la cual se fijan elecciones generales para el 1º de septiembre de 1965, sean cuales sean sus defectos, ha tenido el acierto de poner el dedo en un cáncer que destila sangre casi desde que la República nació iluminada por el trabucazo del 27 de febrero: la del forcejeo político a que hemos vivido entregados desde 1844 hasta los días actuales.

Todos los males del país tienen un origen esencialmente político: si tenemos un presupuesto desnivelado, es porque la política ha hecho crecer en proporciones fantásticas la burocracia nacional; si las centrales azucareras que dependen del Estado, se hallan prácticamente en ruina, es porque la política ha hipertrofiado las nóminas de los servicios de esas empresas con el mismo sentido de imprevisión con que ha hecho crecer hasta el absurdo las de la Administración Pública; si nuestra producción ha disminuido, es porque la política se ha ido al campo a conquistar a los campesinos para el ocio y para la subversión; si carecemos de divisas, si la moneda nacional está al borde de la devaluación, si no tenemos instituciones libres, si hemos perdido la Constitución, y el Congreso, y la independencia de la Justicia, y el respeto a la autoridad y hasta el culto a la Patria, es porque la política se ha hecho dueña de todo, lo ha monopolizado todo, lo ha corrompido todo.

En los días en que se luchaba por el derrocamiento del régimen constitucional elegido el 20 de diciembre de 1962, la oligarquía criolla envió a los campos numerosas brigadas de agitadores para que convencieran a los campesinos de la conveniencia de concentrarse en los centros urbanos en busca de mejores condiciones de vida y de mejores salarios. De ahí nació la agravación de un problema que tiene hoy para el país el carácter de un drama: el del éxodo de los trabajadores de las zonas rurales. Con esa medida se trató de crearle problemas al Gobierno sin que sus autores se detuvieran a meditar sobre el tremendo daño que se hacía a la República con la caída de la producción agropecuaria y con el abandono de las fuentes en que residen sus riquezas naturales. Y es que la política carece de entrañas. Es que la política no tiene escrúpulos. Es que el político, en países como el nuestro, trabaja para el diablo.

De la política, mucho más que de la economía, depende el efecto beneficioso que podrían tener las leyes recientemente votadas por el Triunvirato con el objeto de detener el caos económico en que el país se debate y de salvar de la desvalorización inminente nuestro signo monetario. El pueblo dominicano, casi en su totalidad, ha recibido esas leyes con un sentimiento general de repudio, porque las considera con razón como el fruto de un año entero de imprevisión administrativa y anarquía financiera. Pero si se descartan los motivos que han dado lamentablemente origen a esas providencias, no puede desconocerse que su promulgación está llamada a tener un efecto saludable para nuestra rehabilitación económica. La política que puede malograr esas leyes no es sólo oposicionista, sino también la que opera dentro del propio Gobierno. Si el Triunvirato, por razones políticas, aplica tales medidas a medias, si reduce su alcance para no herir los intereses de los grupos oligárquicos que le sirven débilmente de soporte, los resultados que se obtendrán serán en la práctica poco satisfactorios. ¿Hasta dónde será capaz el equipo que Gobierna el país, es decir, la misma gente que ha hecho las medidas de que se trata necesarias con sus grandes desaciertos y con sus costosos errores de orden financiero, de llegar en sus esfuerzos para restablecer el equilibrio fiscal y para sanear nuestra economía monetaria?

No bastaría con eliminar el déficit fiscal, actualmente ascendente a casi seis millones de dólares, si ese resultado se obtiene gracias a los nuevos recargos impositivos más bien que por la vía de reducciones en los capítulos de la Ley de Gastos Públicos que se destinan a actividades puramente burocráticas o a inversiones de infraestructura. Los apuros que confronta el Gobierno en el orden fiscal se deben evidentemente a la insuficiencia de sus recaudaciones en relación con sus gastos. Con los ingresos producidos por los nuevos impuestos podrían esas dificultades ser momentáneamente superadas. Pero el problema no será extirpado de raíz por el hecho de que las nuevas leyes permitan al Gobierno satisfacer sus obligaciones puramente burocráticas. La causa de todo el malestar reinante procede del error capital en que se incurre en el mantenimiento de una Ley de Gastos Públicos que no deja en manos de la Administración recursos suficientes para impulsar la producción y promover el desarrollo económico del país con medidas apropiadas. Lo lógico hubiera sido, en consecuencia, restablecer el equilibrio fiscal mediante las numerosas supresiones que todavía consiente la Ley de Gastos Públicos y destinar los nuevos ingresos a la promoción económica.

Lo cierto es que las nuevas medidas benefician al Gobierno, al cual ponen en condiciones de continuar sus labores de despilfarros burocráticos, pero no mejoran gran cosa la situación caótica en que se encuentra la economía dominicana. Es posible que con los enormes recursos de los préstamos hechos recientemente al Triunvirato, pueda evitarse la devaluación inmediata de la moneda nacional, pero el estado económico del país seguirá siendo fundamentalmente el mismo. Todo el dinero extra que recibirá el Estado, tanto el que provenga de las nuevas leyes impositivas como el que se perciba por concepto de los millones incluidos en los convenios suscritos con el Fondo Monetario Internacional y con otras instituciones extranjeras, públicas y privadas, será empleado en la solución de problemas cuya existencia embaraza la economía nacional pero que no están vinculados al proceso de nuestro crecimiento económico como país esencialmente agrícola. Esto no significa, desde luego, que se deba subestimar la importancia de los planes de saneamiento fiscal y de estabilización monetaria impuestos al Triunvirato por el Fondo Monetario Internacional, por el Banco Interamericano de Desarrollo y por los cinco bancos canadienses y norteamericanos que acaban de prestar al país la suma de treinta millones de dólares que se invertirán en el pago de las cobranzas que tiene aún pendiente en el exterior el comercio dominicano. Gracias a esos préstamos se ahorrará la República una catástrofe que podría inclusive poner en peligro la propia soberanía dominicana. Pero tampoco hay que exagerar el alcance de esas providencias extraordinarias y considerarlas como una panacea que va a resolver todos nuestros problemas de carácter económico. Con esos recursos hemos tapado simplemente un hoyo; pero todavía subsisten otros muchos que podrían convertirse a la larga en un precipicio de donde podría difícilmente resurgir el pueblo dominicano.

Puesto que la política es, en Santo Domingo, la madre de todos los problemas, a nadie podría extrañar la apelación que ha hecho el Triunvirato a los partidos políticos para que permitan la creación de un clima favorable al éxito de las medidas de saneamiento fiscal y de estabilización monetaria recientemente adoptadas. Todos estamos contestes en la conveniencia de que se deje al Triunvirato trabajar por nuestra rehabilitación económica con los nuevos instrumentos de que dispone y cuya eficacia depende de la cooperación que reciban las autoridades de todos los sectores del país. Pero el primero que tiene que renunciar a la política es el propio Gobierno. Esa renuncia tiene que fundarse, primero: en una rectificación sincera de la labor antipatriótica con que ha llevado a la República al borde de un colapso financiero y de un caos monetario; y segundo: en realidades que demuestren que ha abandonado definitivamente su propósito de detentar indefinidamente el poder y de ofrecer al país como una solución ideal la dictadura de hecho que actualmente existe en la República Dominicana. El país ha exigido elecciones porque la paz que desea es la paz de las leyes. Hay sin duda muchos dominicanos que darían su libertad a cambio de pan y circo; pero hay también infinidad de ellos que prefieren vivir en la indigencia bajo un régimen de derecho, en el cual sus garantías constitucionales sean escrupulosamente respetadas, antes que bajo un Gobierno de facto que les ofrezca el pan con látigo y la bonanza con cadenas.

ELECCIONES
Y TREGUA POLÍTICA *

* New York, publicado en el periódico "El Caribe", edición del 3 de octubre de 1964.

La ley 401 impone a los partidos políticos una tregua que obedece, según los autores de esa providencia legislativa, al deseo de que se cree un clima favorable a la rehabilitación de la economía dominicana. Pero la tregua a que se aspira, con tan loables propósitos, no ha sido hasta este momento definida ni analizada. La interpretación que parece que desean darle las autoridades es la de una inhibición absoluta de los partidos de la vida pública. La opinión pública, según la finalidad aparente de la ley de que se trata, debe permanecer encerrada en una campana neumática. Gracias al vacío que al amparo de la tregua se crearía en torno a los partidos, el Gobierno podría dedicarse por entero a su obra de reconstrucción de la economía nacional.

Si esa es la interpretación que debe recibir la tregua contemplada por la Ley 401, sería necesario pronunciarse contra semejante monstruosidad. Los partidos estarían condenados a desaparecer si se les priva de todo contacto con la opinión popular, si no se les permite valerse de la radio y de la prensa para comunicarse con el hombre de la calle y para llevar a su militancia el eco de sus reacciones diarias sobre la labor del gobierno y sobre el giro de los acontecimientos nacionales. Si eso es lo que el gobierno desea de los partidos, entonces habría que admitir que lo que busca es imponer a las fuerzas políticas que se le oponen un suicidio que se produciría lentamente por obra de una inactividad forzada. En caso de que esta interpretación prevalezca, como han prevalecido otras muchas cosas igualmente cínicas e igualmente inadmisibles en los últimos tiempos, entonces lo que la equidad exigiría es que se midiera a todos los partidos con la misma vara y que a los que se mantienen frente al régimen en una actitud oposicionista definida, no se les aplique un tratamiento discriminatorio en sus programas radiales y en sus campañas publicitarias. Es injusto que se permita a algunos partidos, afectos o no al Gobierno, usar la radio para comentar la actualidad nacional y para hacer labor de proselitismo político, y que a otros se les cierre, en cambio, el acceso a ese poderoso vehículo de captación de la opinión ciudadana. ¿Es acaso que el Gobierno, a cuyo sostenimiento contribuyen todos los dominicanos, sin distingos de ideologías políticas, representa sólo en el poder a los grupos que comparten sus ideas y a aquéllos cuya voz no puede hacerle daño por carecer de eco en la conciencia pública? O la campana neumática se cierra sobre todos los partidos o se abre libremente para recibir el mensaje de tirios y troyanos.

Descartada, por absurda y por monstruosa esta interpretación gubernamental de la tregua impuesta por la ley 401, cabe admitir, como la única lógica, como la única racional, como la única viable, la siguiente: todos los partidos se hallan en el deber de no crear obstáculos a los planes que ponga en ejecución el Gobierno para el cumplimiento de una tarea patriótica que consistiría en sanear el Fisco y en impedir que se convierta en una simple hoja de papel la moneda dominicana. La tregua, así interpretada, significaría el cese de la violencia verbal y de las excitaciones a la acción subversiva. Los programas radiales cargados de dinamita, la crítica destemplada a las autoridades, el envenenamiento sistemático de la opinión pública por medio de apelaciones al odio y a la desunión de la familia nacional, deben en tal caso sustituirse por un diálogo de altura que sirva para orientar y no para confundir la mente del pueblo dominicano acerca de cada uno de los problemas que el país confronta en esta difícil etapa del proceso histórico que se inició a raíz de la liquidación de la era pasada.

Pero como toda tregua equivale a un cese de fuego y a un impasse en las hostilidades, el Gobierno asumiría, por su parte, ciertas obligaciones hacia los partidos con cuya colaboración desea contar para llevar a cabo su programa de saneamiento fiscal y de recuperación monetaria. Su primera obligación es la de observar la más estricta imparcialidad en la pugna democrática a que se entreguen los diversos órganos en que se halla hoy dividida la opinión del pueblo dominicano. Otro de sus deberes elementales consiste en ofrecer seguridades absolutas de que la tregua a que se refiere la ley 401 no será una trampa tendida a los partidos para forzarlos a la inactividad y para amordazarlos mientras la situación actual se consolida, con miras continuistas, gracias a la triple ayuda del terror, del soborno y de la corrupción administrativa. El Gobierno estaría obligado, por último, a ofrecer testimonio de la honestidad con que está en el deber de conducir la próxima consulta electoral, para que ésta no sea una farsa más, sino un verdadero torneo democrático, suficiente por sí solo para librar el país del baldón que ha caído en los últimos tiempos sobre su nombre como comunidad civilizada.

La tregua, así entendida y así practicada por los partidos y por los organismos gubernamentales, sería el primer paso positivo que se daría en la senda espinosa de civilizar políticamente al pueblo dominicano. Es claro que no podemos aspirar a la democracia si antes no adecentamos el diálogo político y si no se abandonan los odios cavernarios que dividen hoy al país. Aun en el caso de que el próximo gobierno surja de un voto popular enteramente libre, enteramente honesto y enteramente puro, nada habremos conseguido si el camino de la nueva administración continúa sembrado de cizañas y si los dominicanos seguimos empeñados en destruirnos los unos a los otros y en dar sistemáticamente la espalda a toda obra de concordia y a toda empresa civilizadora.

Las discrepancias suscitadas por la ley 401 se reducen, en el fondo, a la exigencia hecha por varios partidos para que se celebren dos elecciones en vez de una: la primera para la elección del personal dirigente de los municipios y de los miembros de las Cámaras Legislativas, y la segunda, para la elección del presidente y del vicepresidente de la República.

En la mayor parte de los países que se rigen por constituciones democráticas, ambas elecciones se efectúan en una misma fecha pero con listas separadas. Así se acaba de efectuar la elección del nuevo mandatario y del nuevo Congreso de Panamá. La Misión Técnica de la Organización de Estados Americanos que asesoró al gobierno nacional en la organización de las elecciones del 20 de diciembre de 1962, estuvo presidida por un ciudadano panameño cuyas sugestiones sobre la materia podrían tenerse en cuenta en la consulta electoral venidera. ¿Qué objeto tendría realizar en fechas distintas una doble elección que se podría llevar a cabo separadamente el mismo día? Lo único que podría influir en el voto, según las críticas que se han hecho a la ley 401, es el hecho de que los nombres de los candidatos a la Presidencia y a la Vicepresidencia de la República, figuren en la misma boleta juntamente con los de los distintos aspirantes a los puestos electivos municipales y a las curules legislativas. La objeción queda desvirtuada cuando las candidaturas para esos cargos figuran en listas independientes según la práctica seguida en la mayoría de los países latinoamericanos. El sistema tiene la ventaja de ser más económico y de ahorrar al país los inconvenientes de varias pugnas electorales, acto cuya repetición, en época de enardecimiento de las pasiones, puede tener sobre la paz pública y sobre la convivencia nacional repercusiones insospechadas.

Lo importante para la rehabilitación del país es el retorno a un régimen de derecho. Todo lo demás es secundario y podría y debería resolverse de acuerdo con las fórmulas más simples y más prácticas. Esa necesidad nacional es tan imperativa que en aras de ella deben abandonarse todas las divergencias y si la fórmula que puede producir el milagro de la unión es la de dos elecciones, que se reforme la Ley 401 y se remueva todo lo que pueda ser motivo de fricción en esa providencia legislativa.

La crisis no sólo económica sino también moral que hoy azota al país se superaría si se cumplen estas dos metas igualmente indispensables: que haya elecciones libres y que los partidos que concurran a ellas se retiren de las urnas dispuestos a hacer realidad la famosa sentencia que formuló Sarmiento por boca de Máximo Varela: "La victoria no da derechos".

LA LUCHA DE CLASES
Y LA EDUCACIÓN POPULAR *

* New York, publicado en el periódico "El Caribe", edición del 11 de octubre de 1964.

Es corriente hoy en nuestro país hablar de la lucha de clases y atribuir este fenómeno social a la falta de conciencia cívica del pueblo dominicano.

La sociedad dominicana ha sido siempre una sociedad abierta, constituida por familias entre las cuales no existen más diferencias que las que emanan de la cultura y del poder económico. En pocas partes de América se registra con tanta fuerza como en la República Dominicana lo que los sociólogos denominan "capilaridad social", es decir, la mayor o menor capacidad con que el hombre de origen humilde se desprende de su clase para trepar a otra superior. La nuestra no es, en una palabra, una sociedad rígida y hermética, en la cual no le sea fácil al hombre sin alcurnia ni apellido cambiar de posición y subir a los puestos más codiciables en la escala de las jerarquías sociales.

No disponemos desde luego como en las naciones ultradesarrolladas, de grandes oportunidades para el hombre de trabajo y de iniciativa, como ocurre en los Estados Unidos, por ejemplo, donde no es raro el caso del vendedor de periódicos que se convierte en magnate de la noche a la mañana. Esas posibilidades sólo existen en nuestro medio para un pequeño sector de especuladores, entre los cuales se destaca el político sin escrúpulos que pasa de un día a otro de simple empleado público a promotor de grandes empresas o a archimillonario. No quiere esto decir, desde luego, que no exista en nuestro país, como en todos los países del mundo, un pequeño sector engreído y aristocratizante, un reducido núcleo de familias que alimenta en su fuero interno pretensiones absurdas de linaje o de jerarquismo, fundadas menos en la tradición familiar que en los privilegios que otorga la riqueza. Pero ese hecho no altera la realidad de que somos un pueblo que carece en el orden social de grandes abolengos y de verdaderas tradiciones. La pobreza niveló en nuestro país, desde los días del gobernador Osorio, a todas las categorías sociales. Las familias de cepa castiza huyeron cuando se acentuó la decadencia de la colonia y lo que quedó en suelo dominicano fue sólo la hez de las emigraciones. Por eso hay que descartar, cuando se habla en nuestro país de clases, el prejuicio aristocratizante, como una de las causas del desajuste que mantiene hoy a la familia nacional inquieta y desarticulada.

Pero si en nuestro país no hay prejuicios sociales con fuerza y extensión suficientes para dividir la sociedad en clases, sí hay, hoy más que nunca, profundas desigualdades económicas y una enorme disparidad de medios entre las familias: en un extremo, grandes riquezas, invertidas en tierras, en fincas, y ahora también en industrias, que permiten una vida fácil, de ocio y disipación; y, al otro extremo, un salario inseguro y menguado; aquí, una mansión provista de bar y piscina, y allá el rancho sin cobija y la casita destartalada. Los vicios y contrastes de semejante situación producen efectos cada día más nocivos, sólo que en vez del sentimiento de la lucha de clases, cosa que no tiene razón de ser en un país donde no hay todavía conciencia sindical y donde no existen verdaderas tradiciones sociales, lo que engendra ese estado de cosas es una sensación de inestabilidad política y de desequilibrio económico. La existencia de ese hecho está contribuyendo sin duda a hacer cada vez más precaria la convivencia entre los distintos sectores en que se halla actualmente dividida la sociedad dominicana. No puede haber armonía y solidaridad entre los hombres de un país en que coexisten instituciones económicas primitivas al lado de otras ultra-avanzadas. Cuando esas diferencias tan chocantes entre unos grupos y otros sean acortadas, cuando los niveles de vida de la inmensa mayoría de nuestra población sean substancialmente mejorados, perderá toda su gravedad el fenómeno que hoy espanta a muchos de los más junto al lujo insultante de los menos y el rencor que despierta en el ánimo de los que nada tienen la indiferencia ofensiva de aquellos a quienes todo les sobra.

Esta situación no es exclusiva de la República Dominicana. Existe en la mayor parte de los países latinoamericanos. Pero, dada la rapidez con que nuestra población se expande, el alto porcentaje de nuestro crecimiento demográfico, y dado el hecho de que la miseria, arrinconada durante treinta años de dictadura, ha aflorado súbitamente a la superficie, haciendo más violento el contraste entre la situación de las mayorías que mueren de hambre y la de la minoría privilegiada, el problema tiene hoy una significación especial en la República Dominicana.

Es evidente que la lucha de clases está siendo utilizada, cada día con mayor éxito en nuestro país, como artimañas del comunismo, cuyas tácticas son, como se sabe, esencialmente oportunistas. Esa arma podrá llegar a ser a la larga poderosamente efectiva. Las defensas que se podrán emplear contra ese peligro no sólo dependen del gobierno sino también de la iniciativa privada. Nuestros ricos necesitan adoptar, ante el fenómeno inevitable de una población que cada día aumenta en tamaño y en urgencias sociales y económicas, una actitud más comprensiva. Es cierto que el grupo empresarial, en un sector de las industrias urbanas, ha introducido reformas importantes en los salarios de la masa trabajadora. Algunas empresas han accedido inclusive a las demandas de sus obreros en forma sobremanera generosa. Pero todavía el salario de nuestro campesino sigue siendo un salario de hambre. Si se exceptúa el sector azucarero, donde el salario ha subido en proporción con el alto precio alcanzado por nuestro principal producto de exportación en los mercados exteriores, la situación no ha cambiado gran cosa para el trabajador de las zonas rurales. Todavía hay zonas del país en que un colector de café sólo percibe un salario de dos pesos cuando alcanza a recoger por lo menos una fanega, y hay peones en infinidad de fincas que ganan una suma más o menos similar por una jornada de diez y doce horas. Esa es una de las causas de uno de los fenómenos característicos del proceso económico nacional de los últimos tiempos, el del éxodo campesino, con su secuela inevitable: la concentración urbana.

En el ánimo de las clases desposeídas del país se está incubando un sentimiento de odio contra las clases adineradas. La inconformidad del que carece de pan para sí mismo y para sus hijos principia a manifestarse por una sorda hostilidad contra la riqueza ajena. Explotada por la demagogia política, esa efervescencia social puede adquirir, a la vuelta de pocos años proporciones insospechadas. Mientras tanto, el Gobierno sólo se ocupa en hacer política de componendas, interesado en mantenerse en el poder, cueste lo que cueste. Así como no tiene, en el orden económico, un plan bien coordinado, tampoco se ha preocupado por hacer un estudio de las reformas sociales que el país requiere para evitar que la lucha de clases siga conquistando las masas y favoreciendo en ellas el desarrollo de una verdadera conciencia revolucionaria. Ni siquiera la reforma agraria, al cabo de tres años de ensayos y de frustraciones, ha recibido una orientación adecuada. Los hombres del Gobierno se contentan con decir que el país se halla mejor que nunca actualmente, porque jamás ha circulado tanto dinero ni en el mundo oficial ni en el de la actividad privada. No se advierte que esa prosperidad es falta de una buena administración y de un empleo acertado de los fondos del Erario Público. Es cierto que nunca había habido en el país tantos billetes en manos del pueblo, principalmente en manos de quienes se dedican, con el beneplácito de las esferas oficiales, a actividades lucrativas; pero también es cierto que nunca había habido en el país tanta miseria ni tanta gente desempleada. La única conquista positiva que se ha logrado ahora, en el campo social, es la del alza de los salarios. Pero esa misma victoria de la clase trabajadora ha sido prácticamente inútil porque el gobierno ha reducido su alcance con una política inflacionaria que no tiene precedentes en la historia dominicana.

Es el estado de postración económica en que se hallan los sectores populares, con pocas excepciones, más bien que la falta de educación y de conciencia cívica de las masas, lo que está dando lugar a la llamada "lucha de clases", verdadera "bomba de tiempo" cuya explosión podría tener para el país consecuencias futuras funestas.*

El país clama hoy por una política económica que sustituya la anarquía en que se desenvuelve la acción de los organismos oficiales. Pero también claman por una política social definida los miles de dominicanos hasta los cuales no ha llegado todavía el milagro de los millones que el país ha recibido en préstamos, en emisiones de papel moneda y en ayuda exterior.

---

* El 24 de abril de 1965 estalló un movimiento revolucionario, que dividió a las fuerzas armadas, y en el cual participaron las masas populares.

DOS OPINIONES CONTRADICTORIAS SOBRE EL PUEBLO DOMINICANO *

* New York, publicado en el periódico "El Caribe", edición del 18 de octubre de 1964.

Nuestro país, desde los días en que empezó a tener conciencia de sus destinos como nación independiente, se dividió en dos clases de ciudadanos: la de los que han servido a la República con verdadero entusiasmo patriótico y la de los que han supeditado, en cambio, el interés nacional a sus ambiciones personales. Toda la historia civil de la nación se ha reducido desde entonces a una lucha entre esas dos facciones: la de los seguidores de los hombres de "La Trinitaria" y de la Puerta del Conde y la de los secuaces del grupo de afrancesados que patrocinó el Plan Levasseur y que luego apeló, para justificar su asociación con los invasores haitianos, a la teoría fatalista de la "Ley de la necesidad" y a la del "Hecho consumado". Ambos bandos se han alternado en el poder, en el curso de casi siglo y medio de vida independiente, pero el tiempo en que los idealistas, los llamados "filorios" de los días de la independencia, han permanecido en el mando, tiene la duración de un relámpago si se le compara con el largo dominio que los adoradores de las cosas de panllevar han ejercido sobre la República.

Mientras Espaillat sólo permanece cinco meses en la dirección de los destinos públicos, Santana y Buenaventura Báez se turnan en el poder durante el largo período de diecisiete años que transcurre entre el trabucazo del 27 de febrero y la proclama del 18 de marzo de 1861 en que se anunció la reincorporación a España. En tanto que el período presidencial de Meriño sólo abarca un lapso de dos años, Heureaux impone al país su voluntad cesárea durante casi un cuarto de siglo. La historia ha vuelto a repetirse en 1963: el primer gobierno nacido de la voluntad popular en los últimos cuarenta años, fue sustituido, apenas siete meses después de inaugurado, por otro de origen cuartelario.

Estos antecedentes desconsoladores han dado lugar a que se haya abierto paso en muchos espíritus la creencia de que el pueblo dominicano carece totalmente de educación cívica y de que se encuentra, por tanto, incapacitado para el ejercicio de la democracia representativa. Esta opinión ha sido siempre acogida y divulgada con calor por quienes tienen interés en seguir explotando el país con el pretexto de que constituimos una nación de economía y cultura subdesarrolladas. Este sofisma no es cosa nueva en América. Lo enseñaron antes Vallenilla Lanz, con su teoría del "Cesarismo Democrático", en Venezuela; Carlos Arturo Torres, en Colombia, con su tesis de la democracia selectiva; José de la Riva Agüero, en el Perú, con su apología de la plutocracia y del oligarquismo; Alcides Arguedas, en Bolivia, con el negativismo sociológico de su "Pueblo enfermo", y Carlos Octavio Bunge, en la Argentina, con su concepción sobre el supuesto proceso degenerativo del mestizo americano.

Pero el viejo concepto resurge ahora en la República Dominicana, revestido con todas las apariencias de un postulado doctrinario. Su antecedente más inmediato, como intento de interpretación de la sociología dominicana, se halla en la famosa tesis doctoral que el Dr. Américo Lugo sostuvo en la Universidad de Santo Domingo en 1916, donde se pinta al pueblo dominicano con tintes casi trágicos y donde se llega hasta a comparar a nuestro campesino con una bestia que sólo obra bajo el impulso de pasiones elementales. El dominicano corriente, según Lugo, es jugador, cínico, tramposo, pendenciero. Es, en una palabra, un sujeto moralmente tarado, producto híbrido de una sociedad decadente y mal alimentada.

En cambio, Pedro Henríquez Ureña, quien tuvo la virtud de ser hombre de juicios más cautos y menos apasionados que los del Dr. Américo Lugo, se pronuncia en contra de la opinión de quienes sostienen que en Santo Domingo y en el resto de la América Latina, la democracia progresa en proporción con el número de habitantes de pura raza europea. En su libro "Las corrientes literarias en la América Hispánica" dice a este respecto el sabio dominicano: "Cierta sociología periodística cuelga a los indios y a los negros el sambenito de nuestros fracasos políticos, pero la historia demuestra, por el contrario, que donde quiera que los grupos sometidos antiguamente obtienen un mínimun de justicia económica y cívica, el adelanto político se hace evidente". Según este testimonio, fruto de las observaciones de un hombre de estudio que no tuvo en política ambiciones ni hachas que afilar, lo que falta al pueblo dominicano no es tanto educación cívica como mayor justicia social y condiciones de vida superiores a las actuales.

Lo que el pueblo dominicano necesita, como se infiere de las palabras del más eminente de sus hijos, de Pedro Henríquez Ureña, es que se le trate con mayor justicia social y que su vida política se transforme en una democracia operante. No basta que se le diga, como en la tesis del Dr. Lugo, que es un rebaño de cafres, incapaz no sólo de escoger los mandatarios más aptos para dirigirlo sino también de vivir con un mínimo de orden bajo el imperio de leyes civilizadas.

En una comedia de Benavente, uno de los protagonistas refiere que la mejor lección de moral y de optimismo la dio una vez un pintor que, al hacer el retrato de una dama, tuvo el acierto de embellecer extraordinariamente sus facciones. Ella, al verse favorecida por el artista, quiso hacerse digna de la gracia que se le había dispensado, y puso todo su empeño en ser bella, en mejorar su imagen, en corregir cada uno de sus rasgos físicos, y a fuerza de perseverancia y autosugestión, aquella criatura que no se había preocupado nunca por parecer atractiva ante los demás, acabó por adquirir la hermosura que el retratista le atribuyó en un arrebato de su imaginación soñadora. Comencemos también nosotros por ofrecer al pueblo dominicano una imagen de sí mismo superior a la realidad. Tanto empeño pondrá el pueblo en perfeccionar sus instituciones, y en ejercer cada día con mayor plenitud de conciencia sus derechos ciudadanos, que acabará por adquirir aquel mínimo de madurez política sin el cual no es posible el funcionamiento en ningún país de la democracia representativa.

Pero ese ideal superior no puede ser alcanzado si no se ofrece a la ciudadanía la oportunidad de practicar la democracia ejerciendo sus derechos fundamentales. El primero y el más importante de esos derechos es el de elegir y el de ser elegido. Nadie puede aprender a nadar si se limita a contemplar el agua desde la orilla. Si aspiramos a poseer un día una organización política de la cual podamos ufanarnos, tenemos que empezar por perder el miedo a los riesgos que necesariamente entraña el ejercicio del sufragio libre por parte de los grandes sectores populares. La historia demuestra, por fortuna, que el pueblo dominicano, pese a su supuesta falta de educación cívica, ha expresado siempre sus preferencias por los mejores ciudadanos: en 1844, hubiera elegido a Duarte antes que a Santana, si el estruendoso movimiento de opinión que se formó en torno al Padre de la Patria en el Cibao, no hubiera dado lugar a que su candidatura fuera brutalmente barrida por el sable del hatero de "El Prado"; y en 1886, hubiera escogido al civilista Casimiro N. de Moya antes que a Heureaux, si el fraude y la presión oficial no hubieran desnaturalizado en aquella ocasión el veredicto de las urnas electorales. En 1892, cuando Heureaux se disponía a imponer por cuarta vez su candidatura para la Presidencia de la República, el pueblo sacó triunfante de las urnas el nombre del ciudadano Tomás Demetrio Morales, y fue menester variar los resultados de la votación para convertir la consulta electoral en una nueva farsa democrática. Un caso idéntico ocurrió cuando Trujillo se hizo candidatizar en 1960 como Gobernador de la Provincia de Santiago: el historiador José Antonio Hungría, su contrincante en ese certamen democrático con visos de comedia, obtuvo en algunas comunes una votación tan numerosa, que fue preciso alterar las cifras, antes de darlas a la publicidad en los cómputos electorales definitivos. En las elecciones del 20 de diciembre de 1962, no hubo fraude, y el pueblo escogió, entre dos candidatos igualmente dignos de la banda presidencial, al que salió a la plaza pública con el estandarte de la concordia y al que le pareció más apto para iniciar en el país una era de reivindicaciones sociales.

La historia confirma, pues, la tesis de Pedro Henríquez Ureña. Los pecados que Américo Lugo atribuye al pueblo, a la masa anónima de la gleba dominicana, residen más bien en sus dirigentes, clase ambiciosa que ha sacrificado siempre el interés nacional a sus apetencias desmedidas. Si la democracia nacional ha fallado, no es porque el pueblo no ha sabido elegir, sino porque su elección no ha sido siempre respetada.

LA HISTORIA
Y LOS MALOS EJEMPLOS *

* New York, publicádo en el periódico "El Caribe", edición del 31 de octubre de 1964.

La decadencia de España fue precedida y anunciada, como la de Roma, por una etapa de desmoralización absoluta. Esa era lúgubre se inicia con los reinados de los últimos Felipes y se prolonga hasta el de Carlos II. La corrupción alcanzó grados inauditos en aquella sociedad pecadora. Hasta las costumbres sexuales descendieron entonces a un nivel de depravación sólo comparable al de las ciudades corruptas amenazadas en la Biblia con las terribles palabras de Juan El anunciador: "Después de mí, vendrá alguien que os purificará con el fuego".

La ruina de España, precipitada menos por la pérdida del oro de las Indias que por la disolución de las costumbres, empezó en esos días con la derrota de sus tercios, antes invencibles en toda la redondez de la tierra. Los reyes, advertidos del desastre por la voz admonitora de la Iglesia, se dirigían ansiosamente a los alcaldes y corregidores del reino para que procedieran con mano dura en la corrección de las costumbres, pero nada hacían para enmendarse ellos mismos, y para detener con su alto ejemplo el desenfreno de los demás. El Juvenal de la época, Francisco de Quevedo, resume así el valor de las pragmáticas reales sobre la desmoralización y la licencia de aquella sociedad corrompida: "Desgraciadamente, la moral no se ha modificado nunca por medio de leyes. Un buen ejemplo ofrecido al pueblo por la Corte hubiera sido mil veces más eficaz que todos los decretos."

Todos los pueblos pasan por crisis similares. Pero la historia enseña que el mal empieza en las alturas y que desde los altos estratos de la sociedad se extiende hasta invadir como una mancha de aceite las capas inferiores. Nuestro país no ha escapado a esa regla inexorable que parece imponerse en todas partes como un producto de la condición humana. El campesino dominicano destruye sin compasión los bosques porque ve a la clase dirigente, poseída por la fiebre del lucro, invadir las cabezadas de los ríos para convertir los pinares en madera; el empleado medio practica en las aduanas y en las demás oficinas públicas el "macuteo", porque él más que nadie está consciente de la extensión que ha adquirido el peculado en las esferas oficiales; el pueblo invade los terrenos del Estado y se apodera en las ciudades de los solares yermos, porque los altos funcionarios, los que están en el deber de orientar a la opinión pública con su conducta ejemplarizadora, edifican verdaderas mansiones en los mejores sitios residenciales, sin respeto muchas veces a los fueros de la propiedad privada; el obrero malgasta gran parte de su jornal en francachelas y en bebidas espirituosas, porque lo rodea una atmósfera de locura y disipación que empieza en el propio gobierno, donde los fondos que deberían dedicarse a la reconstrucción económica de la República se invierten en actividades de cabildeo y en aventuras descabelladas; la nación entera, en fin, juega, tira el dinero o lo invierte en artículos de lujo, consume en viajes de placer al exterior una gran parte de los recursos que podrían servir para impulsar el desarrollo del país en el campo de la iniciativa privada, porque ese es el tono estrambótico y el sentido de imprevisión que se origina en las cumbres del poder y que desde ese foco de contagio se extiende a toda la familia dominicana.

Es claro que las costumbres se transforman y que tienden cada día a ser menos austeras a medida que el mundo es invadido por la brutalidad y por el amor al oro. Pero aún no se ha llegado en ninguna parte al quebrantamiento de ciertas normas que conservan el sello de la dignidad prevaleciente en las costumbres políticas de otras épocas y que todavía perduran en lo esencial en las instituciones republicanas. No estamos ya en los días en que a un Presidente de Colombia, de la altura moral e intelectual de Marco Fidel Suárez, uno de los clásicos de lengua castellana, se le levantaba un acta de acusación en el Parlamento por haber vendido su sueldo como jefe del Estado. En vez de aplaudir ese acto como un increíble testimonio de pulcritud que honraría hoy a cualquier funcionario con acceso a las arcas del Erario Público, su autor fue puesto en la picota de las vindictas populares por lo que se juzgó como un grave delito contra la dignidad de su alta investidura. Ese concepto catoniano de la moral pública ha desaparecido en todas partes; pero todavía subsiste, aun en países dominados por el auge de los valores materiales, un mínimum de principios que pertenecen a la ética colectiva y que nadie puede transgredir sin exponerse al repudio de la opinión sensata. Así, en los Estados Unidos, un divorcio o un escándalo social, puede arruinar la carrera política de un aspirante a la primera magistratura de la Nación. Un gesto de mal humor, como el del Presidente Truman al reaccionar violentamente contra las críticas hechas a las dotes artísticas de su hija Margaret, puede oscurecer la reputación de un hombre público hasta el punto de obligarlo a rectificar su conducta. En el Ecuador, la actitud de un Presidente de la República que se exhibió en estado de embriaguez en una ceremonia oficial, sirvió hace poco, de pretexto al ejército para justificar un golpe de estado. ¿Qué quiere esto decir? Sencillamente, que toda sociedad, celosa de su propia conservación, concede privilegios pero impone también obligaciones a su clase gobernante, precisamente porque la hace depositaria del honor nacional para que sirva a todo el país de espejo de sus virtudes representativas.

La desmoralización que invade la República y que amenaza inclusive la solidez de sus hogares, no podrá detenerse si el muro de contención contra esa marea corruptora no se fabrica en las alturas, en las cumbres desde las cuales el aire ya purificado desciende sobre el valle. De ahí tiene que venir el ejemplo, porque, según la palabra de Dios: "no se cogen flores de los espinos, ni uvas de los cabrahigos".

CANTINFLISMO POLÍTICO *

* New York, publicado en el periódico "Listín Diario", edición del 10 de diciembre de 1964.

El país ha vivido en los últimos meses, bajo un nuevo estilo de gobierno: el cantinflismo.

El gran cómico, quizás el más genial intérprete del humorismo latino en el cine de habla española, es el creador de una modalidad artística que no ha tenido antecedentes en la historia del teatro moderno; la de la expresión vivaz en que las palabras se enlazan sin sentido aparente y en que la sal del diálogo reside en la presentación de contrastres absurdos y de situaciones contradictorias. La hilaridad nace, como de una vena torrentosa, de la lluvia de palabras que ruedan sin coherencia y sin unidad por la pendiente de las frases deshilachadas.

Este arte insuperable, tan ameno y chispeante en un salón de cine o en un teatro de marionetas, pierde su vis cómica cuando el actor habla o gesticula desde un tablado político porque lo que está entonces en juego no es simplemente el humor sino el destino de tres o cuatro millones de criaturas humanas. Cuando el auditorio es todo un pueblo, cuando es una nación entera la que presencia el espectáculo o la que sigue las peripecias del actor en la pantalla política, la voz que se desea escuchar es la que traza rumbos, y el gesto que se quiere seguir es el de la mano que enciende en las tinieblas la luz orientadora.

El cantinflismo que impera hoy en el país es el causante de que un día se promulgue una ley y al siguiente se la derogue o se la modifique, para empeorarla muchas veces; de que en horas de la mañana se haga una declaración de interés público y en la tarde se la desmienta con una actitud contraria o con un nuevo pronunciamiento de sentido totalmente distinto; de que se anuncie ahora una política y luego se implante una serie de medidas en contradicción con la línea gubernamental antes adoptada; de que se elabore, en fin, bajo presión internacional, un programa de austeridad administrativa, y poco después se le desvirtúe con providencias llamadas a neutralizar el efecto de ese plan de saneamiento económico. Los ejemplos de leyes mal elaboradas que tienen que ser luego objeto de enmiendas y rectificaciones, como consecuencia de la repulsa popular con que son recibidas, abundan en las páginas de la Gaceta Oficial y en las de la prensa diaria. El caso más reciente es el de las peripecias por las cuales ha pasado la Ley No. 500, en virtud de la cual se intentó introducir en la Fábrica Dominicana de Cemento la política que se ha seguido en los últimos tres años en la administración de la mayoría de las empresas confiscadas. No hay día en que la prensa nacional no recoja declaraciones oficiales contradictorias y en que no se aluda a cambios de criterio en la conducta de quienes tienen la responsabilidad del gobierno. Esa falta de comedimiento, para decir lo menos, invalida la palabra gubernamental despojándola de su virtud orientadora y de su valor persuasivo.

El cantinflismo dejaría de ser una calamidad pública si se limitara al campo estrictamente político. Los males que se derivan de ese nuevo estilo de gobierno serían menos catastróficos si sus inventores se redujeran a jugar con el destino de un puñado de dominicanos, mantenidos en las cárceles en espera de la intervención hipotética de los tribunales competentes, o a retardar, con sofismas demagógicos, la restauración de las libertades democráticas suprimidas el 25 de septiembre. El pueblo dominicano, dotado al fin del fino y bondadoso humorismo que no deja nunca de acompañar a los pueblos que han padecido grandes desengaños y que han sido cruelmente maltratados por la historia, acabaría por encogerse de hombros ante los malabarismos de los prestidigitadores de la política y ante las acrobacias de sus declaraciones contradictorias. Pero el cantinflismo, en cambio, extendido al campo económico, puede ocasionar al país·daños irreparables, con proyección no sólo sobre el presente sino también sobre el destino de muchas generaciones.

La rehabilitación económica del país depende del éxito del Plan de Austeridad impuesto al gobierno de facto por el Fondo Monetario Internacional y por los cinco bancos extranjeros que han asumido la tarea de dirigir, en su aspecto técnico, nuestra política financiera.

Existe el peligro, sin embargo, de que el cantinflismo imperante lleve también a ese terreno vidrioso sus anomalías y sus contradicciones. Es notoria la tendencia gubernamental a establecer nuevos impuestos sin reducir al propio tiempo, en la medida en que las circunstancias lo hacen necesario, la Ley de Gastos Públicos. Por un lado se agobia al comercio y a la industria con nuevos gravámenes, algunos absurdos y la mayoría de ellos excesivos, y por otro se desalienta, con medidas discriminatorias, la inversión privada. En algunos casos, el Gobierno demuestra que no carece del valor cívico necesario para afrontar la impopularidad que le acarrea fatalmente la política de austeridad trazada por el Fondo Monetario Internacional, verdadero "zar económico" del país en los momentos presentes, pero en otros se deja arrastrar hacia la demagogia e incurre en nuevos errores administrativos, dominado como parece estarlo por el afán continuista que priva hoy en las esferas oficiales. El primer requisito que se impone para que la austeridad opere en todos los campos de manera satisfactoria, consiste en proscribir la política de la administración. Política y austeridad, en otros términos, son cosas incompatibles.

En época de peligro, como la presente, los responsables de la cosa pública tienen que ser administradores, no políticos; no pueden ser demagogos, sino hombres de Estado. Es lógico, en efecto, que la aspiración desmedida a retener el poder obliga al gobernante a destruir con los pies lo que hace con las manos. Así se explica que se trate de reducir la tendencia a la expansión inflacionaria y que se decrete una guerra sin cuartel a las importaciones, y que al propio tiempo se elabore un programa de obras públicas que no tienen carácter reproductivo y que no son, en consecuencia, del tipo de realizaciones aconsejables en una crisis determinada en gran parte por la merma de la producción y por los despilfarros de los fondos fiscales. Así se explican, asimismo, los tantos saltos en helicóptero y las tantas declaraciones sobre supuestos hitos de progreso que la situación actual no consiente y que pugnan con el carácter de una política de rehabilitación económica y de austeridad administrativa. Así se explica, por último, que en el diario "El Caribe" se anuncie que el Gobierno, cuyo presupuesto será cerrado con un déficit de más de dieciocho millones de pesos, se propone reducir en un diez por ciento el sueldo de los servidores de la administración pública, y que en otra plana del mismo periódico se inserte, como una curiosa nota humorística, la noticia de que una bailarina extranjera ha sido agraciada con un nombramiento en el servicio exterior dominicano.

Digamos, pues, como el viejo político español de los tiempos de Primo de Rivera: "menos política y más administración".

EJEMPLO EDIFICANTE *

* New York, publicado en el periódico "Listín Diario" edición del 10 de diciembre de 1964.

En una comedia de Pierre Girardin dos de los protagonistas, reunidos en un restaurante, llaman a coro a un mesero y pronuncian en alta voz su nombre: "Napoleón". Otro comensal, sentado en una mesa vecina, se vuelve hacia los que han pronunciado ese nombre abrumador, y expresa así su disgusto y su sorpresa: "¿Napoleón? ¿Se llama Napoleón? Pero eso es excesivo".

Esta escena acude a la memoria, traída a ella involuntariamente, por la comparación que el señor Martin McReynolds, de la Prensa Unida Internacional, atribuye a un miembro del Triunvirato quien afirmó a ese corresponsal extranjero, según se afirma, que el ejemplo del Presidente Johnson lo autoriza a postularse como Presidente de la República en las elecciones del 1 de septiembre, sin tener que abandonar previamente el cargo que ocupa y desde el cual podría utilizar todos los recursos del poder en beneficio de su propia candidatura.

La comparación resulta también en este caso excesiva. Es evidente que el Presidente Johnson pudo retener su cargo, al igual que lo han hecho sus antecesores, no obstante la postulación de que fue objeto por parte del Partido Demócrata en las elecciones del 3 de noviembre. La razón es obvia. Nadie le discutió ese derecho porque por la mente de ningún ciudadano de este país puede pasar la idea de que el Primer Magistrado de los Estados Unidos utilice el poder para aplastar con esa maquinaria a su contrincante en las urnas electorales. El fraude electoral es desconocido en ese país como lo es también en algunas de las grandes democracias latinoamericanas. En Chile, en Colombia, en Costa Rica, en Uruguay, por ejemplo, las elecciones constituyen un modelo de civilidad por la limpieza con que son realizadas.

Pero en Santo Domingo la tradición es otra. Todavía no hemos llegado a ese grado de madurez en el proceso de democratización de nuestras instituciones políticas. El propio Triunvirato está haciendo honor a ese pasado lamentable en la presente etapa preeleccionaria.

Lo prueba el hecho de que se mantenga la orden de clausura que se dictó arbitrariamente hace algún tiempo sobre los programas radiales de los partidos de oposición. Lo revela la disposición que no permite que sean radiodifundidas las cintas magnetofónicas que contienen los pronunciamientos de aquellos adversarios a cuya palabra se le teme por el eco que hallan en el corazón de las masas. Lo evidencia la presión que se ejerce a través del Banco Agrícola y de otras instituciones oficiales sobre los deudores que no son afectos a la situación imperante. Lo confirma la inobservancia del principio constitucional que garantiza la libertad de reunión para fines pacíficos. Lo pone de relieve hasta la saciedad el hecho de que todos los alcaldes pedáneos hayan sido escogidos en las filas del oficialismo reinante. Y lo denuncia, por último, el monopolio que el Triunvirato ejerce sobre los medios de publicidad que pertenecen al pueblo y que se pagan con fondos del contribuyente dominicano.

La alegación de que esas medidas antidemocráticas se han adoptado para resguardar el orden público y poner freno a las agitaciones callejeras, sería válida si tales providencias se aplicaran sin discriminación a todos los partidos y si el propio Triunvirato no se aprovechara de ellas para hacer campaña en favor de sus aspiraciones presidenciales.

No es lo mismo ocupar la Presidencia de la República al amparo de una puñalada trapera asestada a la Constitución, que ejercerla en virtud de un mandato popular libremente expresado en las urnas comiciales. Es, pues, explicable que los miembros del Triunvirato aspiren a ese honor insigne, reservado en los últimos cuarenta años a un solo dominicano: Juan Bosch. Semejante derecho no puede ser negado a ningún ciudadano en disfrute de sus prerrogativas constitucionales, y sólo el pueblo, depositario de la soberanía nacional, puede negarlo o concederlo en votación secreta. Aquel de los triunviros que ha demostrado en su corto paso por el poder, que posee garras presidenciales, tiene abierto ante sí el camino del solio, con todas sus glorias y todos sus sinsabores.

La comparación que la hecho, en las declaraciones que le

atribuye una agencia noticiosa extranjera, entre su caso y el del Presidente Johnson, le indica el método a seguir para colmar, a satisfacción de todos, esa ambición legítima. Es cierto que el Presidente de los Estados Unidos pudo postularse sin tener que salir previamente de la Casa Blanca. Pero también es verdad que no utilizó su cargo, ni antes ni después de haber sido proclamado en Atlantic City como candidato del Partido Demócrata, para perseguir a sus enemigos políticos ni para cerrar el territorio de la Unión a ningún aspirante al solio de Washington y de Lincoln. El huésped de la Casa Blanca se circunscribió, durante su corta campaña electoral, a pronunciar algunos discursos en que definió su plataforma política y en que expuso su programa de gobierno en caso de que resultara favorecido con el voto de la mayoría de sus conciudadanos. Pero el Presidente Johnson no abusó, en cambio, de los viajes en helicóptero para dar primeros picazos ni para inaugurar obras inconclusas con fines electoreros. No utilizó los poderosos recursos con que cuenta el poder en el primer país de la tierra para hacer ambiente a su propia candidatura entre el pueblo norteamericano. No presionó a los empleados de la administración pública para que se inscribieran en su partido. No hizo pagar, con fondos del Estado, libelos de prensa y radio para embarrar ante la opinión pública al candidato del Partido Republicano. Lo impresionante y admirable del caso es que nadie puso en duda la pureza de las elecciones y que todo el mundo aceptó, una vez dictado, el fallo de las urnas.

Ojalá, pues, que los triunviros se postulen en las elecciones del 1 de septiembre, y que la comparación que han hecho entre su caso y el del Presidente Johnson los comprometa a presidir una consulta electoral que se asemeje en cuanto a su limpieza, a la que acaba de refrendar el derecho del Partido Demócrata a seguir dirigiendo los destinos de la democracia norteamericana. Si se ciñen, en toda su amplitud, a ese ejemplo edificante, habrán rendido un importante y casi invalorable servicio a su país. Porque es evidente que sólo unas elecciones libres pueden poner fin a la agonía en que hoy vive el pueblo dominicano. Una consulta electoral espuria, por el contrario, inaceptable para un sector mayoritario de la población, acabaría por hundir a la República en el caos político en que actualmente se debate, y por prolongar por largos años el feroz antagonismo que está haciendo tan difícil y penosa la marcha del país hacia la plenitud de la vida democrática.

LA CRISIS DE LOS DERECHOS HUMANOS EN LA REPÚBLICA DOMINICANA *

* New York, publicado en el periódico "Listín Diario", edición del 30 de diciembre de 1964.

En octubre de 1960 se instaló, como una dependencia de la Organización de Estados Americanos, un organismo que estaba destinado, según el documento en que se expusieron los móviles que habían dado lugar a su creación, a promover el respeto en todo el ámbito hemisférico de los derechos y prerrogativas inherentes a la persona humana.

El nacimiento de esta institución, largamente reclamada por todos los hombres de ideas democráticas en la América Latina, coincidió con el recrudecimiento en la República Dominicana de las persecuciones políticas y con la inauguración en Cuba del sistema del paredón como instrumento de justicia represiva. Durante su primer período de sesiones, la Comisión estuvo extraordinariamente activa. El caso dominicano especialmente, fue objeto de la más cuidadosa atención por parte de ese organismo. Sus miembros viajaron varias veces a la República Dominicana y prácticamente actuaron en el país en forma casi ininterrumpida desde agosto de 1961 hasta el primero de enero de 1962. Los representantes de los partidos políticos y los de las asociaciones patrióticas que a la sazón intervenían en la vida pública con miras al parecer altruistas, fueron inclusive invitados a Washington para que expusieran, en el seno de la Comisión, sus puntos de vista sobre la realidad dominicana. Gracias al interés con que enfocó el caso dominicano y el celo con que desarrolló sus actividades, aun a riesgo de provocar la suspicacia de los adalides del principio de la no intervención en la América Latina, la Comisión de Derechos Humanos desempeñó entonces en la solución de nuestros problemas domésticos un papel decisivo. Sin el apoyo de ese organismo, integrado entonces por un grupo de juristas eminentes como don Manuel Bianchi y el Dr. Gonzalo Escudero, no hubiera sido fácil establecer las bases en que debía descansar el régimen de convivencia democrática a que aspiraba en aquel momento el pueblo dominicano.

Pero a partir de enero de 1962, la Comisión de Derechos Humanos desapareció por desgracia del escenario del Caribe. Su labor, en la que tantas esperanzas fundaron los millones de hombres que padecen el rigor de las retaliaciones políticas a lo largo de la América Latina, cesó como por obra de magia, y el organismo se convirtió en uno de los tantos fósiles que llevan en el campo internacional una existencia totalmente vegetativa. Cuba, sustraída del orden internacional por un régimen que opera de espaldas a la vida civilizada, ha escapado del control moral y jurídico del organismo creado por la Organización de Estados Americanos en 1960. Pero la República Dominicana, en cambio, pese a la situación anárquica que en ciertos momentos la ha identificado políticamente con el Congo, puede y debe seguir bajo la tutoría moral de la Comisión de Derechos Humanos.

Es obvio, en efecto, que el sistema político creado por Trujillo no ha desaparecido del todo en la República Dominicana, y que muchas de sus estructuras más odiosas permanecen intactas. La situación de los derechos inherentes al individuo, en su doble condición de persona humana y de ciudadano perteneciente a un país en que se supone que ya no rige la llamada "ley de la selva", es tan precaria hoy en nuestro país como en los tiempos en que la dictadura se hallaba en su apogeo. Es posible que la Comisión de Derechos Humanos ignore que en la República Dominicana actual, como en la República Dominicana de Trujillo, se puede reducir a prisión a un ciudadano cualquiera sin orden escrita emanada de un funcionario judicial competente. Es también posible que la Comisión ignore que aún no ha sido proscrita la tortura de las cárceles dominicanas y que todavía las calles de todas las ciudades del país se hallan invadidas por un verdadero ejército de soplones cuya misión consiste en delatar a los Servicios de Seguridad del Gobierno a las personas a quienes se desea implicar en supuestas actividades subversivas. Hay derecho a creer que la Comisión desconoce que en nuestro país se sigue violando el secreto de la correspondencia y que el domicilio de cualquier ciudadano se halla todavía a merced de la arbitrariedad reinante. Es presumible que la Comisión no sepa que en nuestro país no se permiten las reuniones lícitas y sin armas cuando tienen carácter oposicionista. Es probable que hasta los oídos de la Comisión no halla llegado el rumor de que en la República Dominicana está prohibido transmitir por la radio las cintas magnetofónicas grabadas en el extranjero. Es lógico suponer que la Comisión carece de toda información acerca del hecho de que cualquier ciudadano dominicano puede ser invitado a abandonar el país sin juicio previo ante un tribunal competente.

En su documento número 32, del 3 de mayo de 1962, la Comisión Interamericana de Derechos Humanos denunció, como una grosera violación a la dignidad de la persona humana, el hecho de que las estaciones radioemisoras propiedad del Gobierno o de la familia Trujillo se utilizaran para realizar "una campaña inmunda contra los opositores, difamándolos e injuriándolos" (véase pág. 72). Sin embargo, las plantas radiales del Gobierno se siguen utilizando, hoy con mucha más violencia que ayer, para difamar a los enemigos de la situación imperante, y aun para verter todo género de calumnias sobre la reputación de hogares humildes en que se continua sin interrupción y sin tacha la tradición de hidalguía que en otras épocas blasonó el nombre de cada familia dominicana. En ese mismo documento se hizo pública, con la anuencia de la Comisión Interamericana de Derechos Humanos, la protesta de las instituciones más representativas del país por el hecho de que el Reglamento No. 7093, dictado en junio de 1961, supeditara la celebración de toda manifestación de índole política a la formalidad de un permiso previo de la Secretaría de Interior y Policía. Pero la Comisión de Derechos Humanos ignora, según parece, que actualmente están prohibidas todas las manifestaciones políticas, excepto las que el Gobierno organiza con fines electoreros. Semejante violación de los derechos humanos es observada, sin embargo, con indiferencia en los organismos internacionales que han sido creados para promover en América el respeto a los fueros dignificantes de la personalidad humana y para promover al propio tiempo, en cada uno de nuestros países, los principios de la democracia representativa.

La primera falla de la Comisión de Derechos Humanos ocurrió cuando ese organismo se cruzó de brazos ante el genocidio de Palma Sola. Dos años han transcurrido desde que se registró, en un campo remoto de la República Dominicana, ese suceso vergonzoso, no menos inicuo que las masacres que acaban de tener efecto en estos mismos días en el llamado Congo Belga.

Sin embargo, no fueron cerdos sino decenas de campesinos indefensos los que fueron en aquella ocación salvajemente barridos con fuego de ametralladoras; no en las selvas del África sino en pleno continente americano.

Todavía hay tiempo para que la Comisión Interamericana de Derechos Humanos cumpla la tarea que empezó a realizar en nuestro país en octubre de 1961. Aún subsisten en la República Dominicana algunos destellos de democracia. Todavía en nuestro país la opinión pública puede manifestarse a través de la prensa y, con ciertas limitaciones de carácter decididamente absolutista, a través de la radio. La gente todavía puede hablar en la calle y en los sitios de diversión con cierto desparpajo. Aún la libertad de tránsito no ha sido coartada, excepto con las trabas resultantes de los altos gravámenes que pesan sobre los pasajes al exterior, sin discriminación entre los viajes que se hacen por placer y los que responden a necesidades imperiosas. Pero todas las válvulas por donde puede infiltrarse el aire mortal de la tiranía están abiertas sobre el corazón del pueblo dominicano. Así empezó la dictadura de Trujillo, fenómeno que se desarrolló hasta adquirir las proporciones de un monstruo, ante la apatía de nuestro país y ante la indiferencia de los organismos internacionales. La crisis de los derechos humanos está apenas comenzando en la República Dominicana, y todavía hay tiempo de cortar esta amenaza y de ayudar al pueblo que habita en esa isla sin ventura a alcanzar la máxima aspiración de su vida: la de traspasar la línea que separa la barbarie política de la convivencia civilizada.

UN PASO CONSTRUCTIVO *

* New York, publicado en el periódico "El Caribe", edición del 31 de diciembre de 1964.

La opinión pública nacional acaba de anotarse un triunfo que supera, en el orden político, a todas sus victorias anteriores: la de la ley de amnistía. El gobierno de facto, después de haberse negado a juzgar a los autores de la protesta armada contra el golpe del 25 de septiembre, y de haber proclamado repetidas veces la intención de deportarlos con destino a un país europeo, ha cedido al fin ante la presión de la opinión pública, inerme sin duda, pero no por eso menos activa ni menos poderosa.

La causa de la constitucionalidad gana cada día en el país un mayor número de adeptos. Los mismos que patrocinaron el golpe del 25 de septiembre y que interrumpieron, con ese hecho inútil y extemporáneo, el proceso iniciado hacía apenas siete meses para transformar el país en un pueblo políticamente civilizado, reconocen hoy su error y admiten que quienes se erigieron, arma en mano, en defensores de la Constitución, no pueden ser tratados como delincuentes vulgares. La ley de amnistía constituye un reconocimiento tácito de la validez de aquella protesta cívica. Aunque en los considerandos en que se pretende justificar esa providencia legislativa, se trata de atribuirle el carácter de una medida de clemencia, impuesta al gobierno por razones de orden puramente humanitario, lo cierto es que la ley de amnistía tiene un significado que acaso ha permanecido inadvertido para el propio gobierno: si alguna significación política tiene esa medida es la de la condenación del golpe del 25 de septiembre por los mismos que patrocinaron e instigaron ese error, el más costoso que hemos cometido desde que se empezó a reestructurar, a partir del 1.º de junio de 1961, la democracia dominicana.

Es probable que la amnistía haya sido dictada a las

autoridades por razones políticas más bien que por un sentimiento de justicia. Cuando las madres y las hermanas de los guerrilleros favorecidos por esa medida se declararon en huelga de hambre, escenificando un espectáculo digno de los tiempos en que el país vivía entregado a la barbarie de las guerras civiles, en las esferas oficiales se comentó el hecho con una frase peyorativa: "Todo es, se dijo, mera publicidad". Los que leyeron ese comentario oficial en la prensa de aquellos días, han tenido que recordar la reacción del Presidente Báez frente al gesto de la dama que se arrodilló ante él para implorarle por la vida de Manuel Rodríguez Objío: "Levántese, señora, que su hermosura no basta para defenderme de mis enemigos". La magnanimidad no suele caber en los cálculos egoístas de los hombres poseídos por el demonio del mando.

Pero aun privada de todo carácter altruista, la amnistía revela que en el gobierno se inicia una nueva política, inspirada en un mayor respeto a la voluntad popular. En ese cambio ha influido sin duda el auge creciente de la causa de la constitucionalidad en la conciencia dominicana. Hubo vastos sectores de la opinión pública, aun entre los dominicanos de ideas menos reaccionarias, que no simpatizaron originalmente con la causa de los que hoy se benefician de la ley de amnistía. Pero pasada la reacción de los primeros momentos, y en presencia de todo el mal que ha producido al país la aventura del 25 de septiembre, son pocas las personas que no se sienten hoy inclinadas a considerar aquella acción subversiva como un gesto romántico, acreedor a la simpatía de los mismos que en un principio lo juzgaron severamente como un atentado contra la seguridad del país y como un paso que podía inclusive quebrantar las bases en que descansa toda la vida dominicana.

No puede desconocerse el prestigio que ha ido ganando la causa de la constitucionalidad en el pueblo dominicano. El sentimiento en favor de un retorno a ella se ha extendido a todas las categorías sociales. Aun los que apoyaron el golpe contra el gobierno constitucional en la creencia de que ese acto era necesario para salvar al país del comunismo, admiten hoy que sólo la sujeción a la ley sustantiva de la nación puede evitar que el desconcierto reinante se generalice hasta que sea poco menos que imposible desarraigarlo de las instituciones nacionales.

Durante largos meses se hizo creer al país que la excarcelación de los guerrilleros podría precipitarnos al caos. Ahora es el propio Gobierno el que se ha encargado de desmentirse a sí mismo y de probar que aquel argumento especioso carecía de sentido. En el país no hay más caos que el que resulta del mantenimiento de la inconstitucionalidad y de la existencia de un régimen que no goza de la simpatía y la adhesión populares. Un gobierno que es a la vez "batuta y constitución", según el dicho vulgar, sólo puede producir desorden, anarquía, inseguridad, desconfianza.

La amnistía no sólo hace honor al gobierno que la ha dictado sino también al movimiento de opinión que ha sabido conquistarla. Una vez más se ha probado que el más fuerte no es el que posee más fusiles sino el que cuenta con más razón y el que confía su causa a las armas que sólo se obtienen en el arsenal del derecho. Esta verdad no es invalidada por el hecho de que la antorcha de la libertad haya permanecido apagada en el país durante treinta años. Para que esa luz se encendiera de nuevo, bastó que una "mano de valientes", salida del mar en las playas de Maimón, sacudiera heroicamente la conciencia dominicana. Eso fue suficiente para que la fortaleza feudal, violentada en sus cimientos al parecer monolíticos, se deshiciera en pocos meses como un castillo de naipes.

No perdamos, pues, la fe en la libertad. Los eclipses que no permiten que esa estrella resplandezca en toda su plenitud, son crisis pasajeras. Mientras la conciencia nacional permanezca vigilante, y mientras la opinión pública se manifieste como una fuerza activa, la luz de la democracia seguirá ardiendo en nuestro cielo. Ahí está para probarlo la amnistía. Con ese paso constructivo, el Triunvirato inicia una etapa de rectificaciones que puede tal vez culminar con la organización de unas elecciones libres, y el país gana una batalla contra las fuerzas del terror, empeñadas vanamente en retrotraernos a un pasado ya en gran parte resurrecto. Por fortuna "no sólo muere la misma muerte", como escribía Quevedo, sino hasta lo que resucita. Hasta Lázaro volvió a morir y ya no resucitó más.

EL EJEMPLO DEL VIETNAM *

* New York, publicado en el periódico "Listín Diario", edición de 13 de enero de 1965.

El Secretario Dean Rusk, en la alocución dirigida el 24 de diciembre al pueblo de los Estados Unidos, ratificó el soporte de su gobierno a los esfuerzos que el embajador en Vietnam del Sur realiza en favor de la restauración del orden constitucional en aquel país del Asia. La ayuda de los Estados Unidos al Vietnam del Sur está condicionada, según las declaraciones del Embajador Taylor, ratificada por el Departamento de Estado, al hecho de que el gobierno vietnamés, producto de un golpe militar, promueva la evolución política y tienda a restablecer la democracia en la antigua colonia francesa como una realidad progresiva. La disolución del Parlamento y el arresto de varios líderes civiles ·adversos al régimen de Vang Huong, constituyen actos incompatibles, según el comunicado a que se alude, con los objetivos de la política internacional de los Estados Unidos, basada, tanto en la antigua Indochina como en cualquier otra zona del mundo, en la promoción de los principios de la convivencia democrática como en el respeto del dogma de la soberanía de los Estados.

Si esa es la política de los Estados Unidos en Asia, donde este país se encara a una vasta agresión comunista que cuenta con el apoyo de todas las naciones del mundo totalitario, ¿cuál podría ser la línea a seguir por su diplomacia en América y, específicamente en la República Dominicana? Es lógico suponer que la promoción de la democracia tiene más importancia para los Estados Unidos en América que en cualquier otra zona del planeta. Por razones no sólo geográficas y económicas sino también por imperativos de orden jurídico y moral, fundados principalmente en las disposiciones específicas de la Carta de Bogotá y en la comunidad de destinos que existe entre esta nación y los países situados al sur de Río Grande, el deber de los Estados Unidos, como país promotor de la democracia y de los derechos humanos, es más grande en relación con sus vecinos que en relación con sus antípodas, aunque estos últimos sean, como en el caso de Vietnam, puntos neurálgicos para la causa de la paz y la concordia universales.

Es evidente que desde el golpe de estado del 25 de septiembre no se ha dado un solo paso en la República Dominicana para favorecer el restablecimiento del orden constitucional y para familiarizar a la ciudadanía con las instituciones y con los principios de la democracia representativa. Sobran las pruebas, por el contrario, de que la evolución se ha ido realizando, a partir de aquella fecha, en sentido diametralmente opuesto. Los avances que habíamos realizado en el orden político, gracias a la disolución del Partido Único y al respeto a la libertad de expresión oral y escrita, han sido eclipsados por la implantación en ambos campos de medidas que tienden a ser cada vez más absolutistas. Lo que hay de antidemocrático en el sistema del "Partido Único", es la tendencia a utilizar las ventajas del poder en beneficio exclusivo del grupo político adicto a la clase gobernante. Ese fenómeno se registra ahora con la misma violencia y el mismo espíritu de arbitrariedad que alcanzó durante la dictadura pasada.

No sólo los recursos económicos del gobierno, todopoderoso en un país donde la inmensa mayoría de los hombres carecen de fuentes de trabajo y donde la miseria acosa sin misericordia a la masa trabajadora, sino también los medios destinados a la comunicación radial con el público, se encuentran monopolizados por el gobierno y por la camarilla de mercenarios que tienen a su cargo la propaganda oficial, hoy tan copiosa y tan baja en su temperatura ética como la de los días en que el culto a la personalidad de un solo hombre absorbía todas las actividades intelectuales patrocinadas por el Estado. El retroceso experimentado por el país en ese terreno llega hasta el punto de que el "Foro Público", la odiosa tribuna que en otras épocas se utilizó para oprimir en los hombres el sentimiento de la dignidad humana, se continua empleando hoy como arma política en la propaganda que se difunde desde las esferas oficiales.

Las emisoras radiales se hallan sometidas a censura y los programas de los partidos políticos se cierran arbitrariamente o se sujetan a úkases discriminatorios. En cambio, las emisoras al servicio del gobierno y pagadas con fondos públicos, pueden hacer uso de la libertad de expresión sin restricciones para incensar a los nuevos amos del país o para combatir a sus opositores con todo género de procacidades y de especies calumniosas.

El único paso que se ha dado hasta hoy para restablecer el orden constitucional es el de la ley que fija para el mes de septiembre las nuevas elecciones. Sin embargo, la significación de esa medida como providencia destinada a acelerar la reestructuración democrática de las instituciones nacionales, está siendo desnaturalizada por el empeño del Triunvirato de retener el mando y de convertir en una farsa la consulta electoral venidera. No sería obra de romanos derrotar la candidatura oficial en unos comicios libres en que todos los partidos puedan participar bajo la garantía de que los cómputos electorales no serán mixtificados. ¿La consulta a la voluntad popular será supervisada en septiembre por el mismo organismo internacional que vigiló la del 20 de diciembre de 1962?

No es fácil predecir el futuro político de la República Dominicana. Pero lo que sí es evidente es que el progreso de la democracia en nuestro país depende en gran medida de la actitud que adopten frente a la consulta electoral convocada para el 1.º de septiembre los organismos del sistema interamericano y los gobiernos que tienen en ellos voz preponderante. ¿Cuál será la influencia de ese proceso electoral sobre los programas de ayuda de la Alianza para el Progreso?

En los próximos meses sabremos si la promoción de los principios democráticos en el Vietnam del Sur tiene o no más importancia que la vigencia de esos mismos postulados en el peñón del Caribe donde hoy se juega, en contraste con Cuba, el destino de la democracia latinoamericana.

LA VISITA DEL SANTO PADRE *

* New York, publicado en el periódico "Listín Diario", edición del 17 de enero de 1965.

Estamos ya en vísperas de la visita que se propone hacer al país el Santo Padre. Será la primera vez, en la historia de la República, que un personaje de esa calidad se detiene en la isla, precisamente en el lugar donde empezó la evangelización del continente, y donde se inició, con el sermón del Padre Montesinos contra los tiranizadores de los indios, la cruzada moderna en favor de los derechos inherentes a la persona humana.

En un país donde no existe el fanatismo religioso, pero donde la casi totalidad de la población profesa el culto católico, el anuncio de la visita del Soberano Pontífice tenía que ser recibido no sólo con muestras de júbilo sino también con signos de esperanza. Nadie ha dicho hasta este momento lo que el país debe esperar de ese acontecimiento. Pero todo el mundo acaricia, allá en el fondo de su corazón, el sentimiento íntimo de que el esclarecido Pastor que ocupa hoy la Silla de San Pedro viene a sembrar de nuevo la semilla de la paz en tierra dominicana.

El Santo Padre va a llegar, en efecto, a un país profundamente dividido, en el cual ha desaparecido el sentimiento de la solidaridad entre las diversas clases sociales. Somos hoy un pueblo en cuyo seno se desarrolla, con enorme violencia, una guerra civil no declarada. Los ánimos permanecen excitados y las recriminaciones vibran en todos los labios como saetas envenenadas. El odio es la planta que crece con más exhuberancia en estas nuevas Viñas de Nabot. Un egoísmo que no tiene ejemplo en la historia, una sed de oro y una corrupción que toca los límites de la locura, es lo que predomina en tal ambiente, cargado hasta la saciedad de gestos agrios y de pasiones elementales.*

Es cierto que ese es el clima moral que prevalece en el mundo y que acaso la descomposición que padecemos en el orden político y en el social, no sea sino un reflejo de lo que hoy ocurre, con mayor o menor intensidad, en todas las sociedades civilizadas. Pero en ninguna parte, sin embargo, el egoísmo está haciendo, sin razón para ello, tantos estragos como en la República Dominicana. Las pasiones contenidas durante treinta años, el apetito de lucro, el afán de riqueza, la enemistad llena de rencores del hermano contra el hermano, han roto todos los diques y quebrantado todos los resortes morales. La sensación de Paulo VI, cuando sus ojos, habituados a la contemplación de la llama eterna que arde en el Santuario, se detenga en ese torbellino de pasiones encontradas, tendrá que ser parecida a la que sacudió el alma de San Pablo cuando llegó por primera vez a Atenas y halló a aquella ciudad, cuna de una civilización ya en plena decadencia, convertida en un mercado de ídolos trashumantes. Allí, en aquel hervidero humano, chocaban ahora dos culturas y se enfrentaban dos categorías de dioses diferentes: los que Alejandro trajo de oriente y los que poblaban el Olimpo, símbolos del vino, del amor, de la danza, de la juventud, de la lira, de todas las figuraciones paganas con que decoró sus altares aquella civilización portentosa.

Depende, sin embargo, de todos los dominicanos, pero principalmente del Gobierno, que la visita del padre espiritual de quinientos millones de católicos a la tierra en que se inició la cristianización del Nuevo Mundo, tenga la significación que debe tener en esta hora crítica para nuestro pueblo. Sería una falta de respeto al Vicario de Cristo que el país, en vísperas de su llegada, siga convertido en un nido de víboras, en una feria de apetitos, en un antro de discordias, en un foco de luchas fratricidas. Las persecuciones políticas deben cesar antes y después de esa visita. No podemos olvidar que el sucesor de San Pedro en el rectorado de la Iglesia simboliza, en la humanidad contemporánea, la causa de la justicia social, la del acercamiento de todos los credos, la del respeto a la dignidad de la persona humana. Carecería de sentido hacer una invitación a un personaje de esa estirpe moral y aprovechar simplemente su visita para extender al través del

---

* N. de E. Estas frases emitidas en enero de 1965 resultaron dramáticamente proféticas. El 24 de abril del mismo año estalló una guerra civil, que dividió las fuerzas armadas y enfrentó a los dominicanos.

mundo la falsa impresión de que somos un pueblo que vive en armonía y de que constituimos felizmente una sociedad bien integrada. La ocasión no puede ser, pues, más propicia para buscar una solución patriótica a la crisis dominicana. Con un poco de desinterés y con otro poco de patriotismo, sería fácil hallar una fórmula que tenga la virtud de unir a todos los dominicanos y de infundir de nuevo en ellos el sentido de la solidaridad nacional. Nuestra crisis, después de todo, sólo obedece a la ceguera casi total que se ha apoderado de los entendimientos. Nuestro desequilibrio social es hijo de factores pasajeros más bien que de verdaderas desviaciones de nuestra psicología colectiva. Ya que no podemos ocultar al representante de Cristo nuestra miseria, el espectáculo denigrante de la desnudez en que vive la inmensa mayoría de nuestra población, ofrezcámosle al menos la visión de un pueblo unido y de un gobierno justo, ecuánime, responsable, que trabaje por el bien de todos y que se decida a reconstruir el orden que necesita la República sin apelar a la arbitrariedad y sin acudir al hierro de la venganza.

El Papa, cuya visita aguarda con júbilo el país, es honra de la estirpe dos veces milenaria de los jerarcas romanos. Su figura, en los comienzos mismos de su pontificado, aparece ante el mundo con la doble aureola de la santidad y de la leyenda. Paulo VI, como su inmediato antecesor Juan XXIII, es el campeón de los derechos de los oprimidos en una época en que hay aún gentes perseguidas por sus ideas políticas y en que todavía existen razas discriminadas. La gesta de Isabel la Católica, la reina sin par que sacrificó sus joyas para hacer posible el descubrimiento de un mundo, se repite ahora en este Monarca Espiritual que entrega las suyas para que se conviertan en pan y abrigo para todos los desheredados de la tierra. Para un Pontífice así, que se aproxima a nosotros con el estandarte de las ideas liberales que sacuden actualmente al mundo, que tiene la pasión de la libertad, que habla a los hombres bajo una cúpula que señorea todos los poderes temporales, que recorre la tierra con el Pan y el Vino que resucitan por los siglos inacabables, la única hospitalidad digna es la que podría ofrecerle un pueblo y un gobierno sinceramente identificados en un ideal de concordia y de justicia.

Confiemos, pues, en que Paulo VI deje sembrada en tierra dominicana la semilla del amor y que esa simiente germine en todas partes, en los barrios ricos, en las calles invadidas por las multitudes hambrientas, en los cuarteles donde haya hombres armados en actitud amenazante, en los conciliábulos políticos, y en el corazón de los que mandan y han erigido altares en su pecho a este ídolo implacable: el poder.

El país se habrá salvado si todos oímos con unción, cuando las pronuncie al llegar a la Primada de América el Vicario de Cristo, las más bellas palabras del Evangelio: "Amaos los unos a los otros".

EL CLIMA ELECTORAL *

* New York, publicado en el periódico "El Caribe", edición del 8 de febrero de 1965.

Con frecuencia se afirma que no existe en el país el clima indispensable para las elecciones del 1.º de septiembre de 1965. Pero ¿en qué debe consistir ese clima?

No sería lógico relacionar la ausencia de un clima apropiado para la celebración de las próximas elecciones con el estado de excitación en que se halla en el país la opinión pública. Pretender que ese clima no existe porque aún hay efervescencia política, porque todavía reina la inquietud entre las masas obreras o porque en la tribuna pública se sigue usando con exceso el ingrediente de las violencias verbales, es incurrir en un contrasentido. Democracia es sinónimo de discusión. Sólo bajo el absolutismo prospera la uniformidad de pareceres. Las elecciones, el acto por excelencia del sistema democrático, es precisamente el eje sobre el cual giran las controversias susceptibles de agitar con más virulencia el ánimo de los que ejercen el ministerio de la palabra pública.

Tampoco sería justo achacar a la poca madurez cívica del pueblo la falta del clima por cuya vigencia se aboga. El pueblo dominicano demostró en 1924 y en 1962, es decir, en los dos casos en que ha tenido, durante el presente siglo, la oportunidad de ejercer libremente el derecho del sufragio, que posee suficiente conciencia política para intervenir en una consulta electoral ordenada. Aun desde el punto de vista intelectual, esto es, del grado de discernimiento que se requiere para que el voto sea el fruto de las facultades deliberativas del que lo deposita en las urnas, es obvio que el dominicano corriente posee mayor instinto político que el ciudadano común de otros muchos países de la misma cuenca geográfica. Bastaría comparar la inteligencia de un campesino dominicano con la de un cholo del Perú o con la de un indio de la meseta boliviana, con la de un guajiro de Puerto Rico o con la de un labrador del Quindío o del Departamento de Boyacá en Colombia, para llegar fácilmente a la conclusión de que nuestros analfabetos son mentalmente más ágiles que los de otros pueblos de la América Latina que cuentan, sin embargo, con élites más numerosas y con estructuras sociales más sólidas y mejor vertebradas.

El hecho de que algunos partidos políticos, desarticulados después del golpe de 25 de septiembre, no hayan logrado aún recuperarse totalmente de los efectos producidos por aquel acontecimiento regresivo en el ánimo popular, tampoco tiene la más mínima relación con el clima indispensable para que las próximas elecciones se celebren normalmente.

Recientemente, sin embargo, ha surgido un fenómeno político que podria tener sobre el clima electoral a que se aspira una influencia dominante: la aspiración de uno de los triunviros a postularse para la primera magistratura del Estado. Si esa aspiración se mantiene, la consulta electoral del mes de septiembre se convertiría en una farsa, salvo en el caso de que se adopten y se hagan efectivas las mismas providencias que se pusieron en práctica en diciembre de 1962 para garantizar la pureza del voto. La más imperativa de esas disposiciones es sin duda la de la fiscalización de las elecciones por una misión técnica de la Organización de Estados Americanos. Esta intervención moral sería lo único que podría contrapesar, todavía en una medida sobremanera limitada, las ventajas de todo orden de que se beneficiaría la candidatura oficial frente a las de los partidos no gubernamentales.

El mayor de los peligros que amenazan a la democracia nacional es evidentemente el del continuismo en el mando. La famosa sentencia de Lord Aston "el poder corrompe y el poder absoluto corrompe absolutamente" es una realidad que se aplica no sólo en nuestro medio sino en todo el Orbe porque esa regla de psicología política no depende del grado de perfección de las instituciones sino de la naturaleza humana. Si las elecciones de 1965 son honestas, el pueblo dominicano tendrá la oportunidad de decidir si quiere o no que se mantenga, como lo postula la Constitución de 1962 reformada, el principio de la alternabilidad en el ejercicio de los poderes públicos. Esa consulta electoral decidirá también, con carácter plebiscitario, si la opinión mayoritaria del país ratifica o no la repulsa con que recibió el golpe del 25 de septiembre, causa principal de la crisis que nos ha retrotraído a las peores épocas de la dictadura pasada.

Se ha dicho que en la madrugada del 26 de septiembre se levantó en el Palacio del Ejecutivo un acta notarial, digna del documento en que Nerón, después de haber asesinado a su madre, dio a conocer su crimen al Senado. En las elecciones de 1965, será el pueblo el llamado a levantar un acta más solemne y más importante que aquélla para el porvenir de la democracia nacional: la que consigne en las urnas la absolución o la condena de quienes proyectaron otra vez la sombra de la ilegalidad y la barbarie sobre las instituciones dominicanas.

Tendremos, pues, clima electoral para el torneo cívico del primero de septiembre, desde que se eliminen las restricciones que coartan la libre actividad de los partidos, y desde que se ofrezcan al pueblo dominicano seguridades inequívocas de que su soberanía podrá manifestarse en las urnas sin fraudes y sin coacciones.

EL DESTINO DE LAS EMPRESAS CONFISCADAS *

* New York, publicado en el periódico "Listín Diario", edición del 18 de marzo de 1965.

Una de las razones de la oposición popular al proyecto de poner en venta las empresas confiscadas, es el temor que se tiene de que los fondos que produzca esa enajenación desaparezcan, como han desaparecido los millones de la deuda pública y de la deuda interna, en esa especie de Tonel de las Danaides en que se ha convertido el Erario Dominicano.

Supongamos que el Triunvirato, régimen sin ninguna base legal y sin el menor crédito en la opinión pública, excepto en la constituida por el pequeño sector que usufructúa actualmente el poder y que ha hecho a su sombra negocios sobremanera productivos, disponga del cuantioso capital representado por las empresas que hoy maneja la Corporación de Fomento Industrial. ¿Cuál sería en semejante caso el destino de los cuatrocientos o quinientos millones a que asciende el valor de las acciones pertenecientes al Estado en esas entidades? Es lógico presumir que todo ese dinero, propiedad del pueblo dominicano, se emplearía en saldar parte de las deudas que gravitan sobre la nación como consecuencia de los desaciertos administrativos de los últimos años, o se destinaría al mismo género de actividades improductivas en que se han malgastado los ingresos públicos desde que los nuevos amos del poder cayeron como una plaga de langostas sobre las arcas nacionales.

Otra de las causas de la repugnancia con que el pueblo oye hablar de las maquinaciones que se hacen para la venta de las empresas estatales, es la ignorancia absoluta en que se mantiene a la opinión pública en cuanto a la forma en que ese potencial económico ha sido administrado. El país sospecha que sus intereses no han sido defendidos con honestidad ni manejados con cordura. Sabe que la mayor parte de las empresas que le pertenecen se hallan al borde de un colapso económico. Pero desconoce la causa de ese desastre. Ignora si en la administración de ese imperio industrial ha habido o no filtraciones. No sabe hasta qué punto ha interferido la política en la crisis de las empresas estatales. Carece de toda información oficial, en una palabra, para pronunciarse sobre la procedencia o improcendencia de la venta proyectada.

La reacción popular depende esencialmente de las causas que hayan dado lugar a la situación catastrófica en que se encuentran los bienes, cuya conquista constituye el sueño dorado de un pequeño círculo de hombres de empresa con fácil acceso a las esferas oficiales. El criterio de la inmensa mayoría de la población del país puede ser adverso a la venta si se comprueba, como muchos afirman, que las empresas estatales han fracasado simplemente porque han sido mal dirigidas y peor administradas. Las fallas en ese caso pueden ser corregidas. En cambio, la enajenación se impondrá, ante la opinión pública, si el fallo no obedece a vicios de administración o de dirección sino a razones relacionadas con la crisis moral que sufre el país, carcomido en sus bases por la concepción totalmente naturalista de la existencia que prevalece hoy entre sus clases directivas.

La corrupción que corroe actualmente la administración pública ¿es acaso irreparable? Es posible que toda la podredumbre que se respira hoy en la atmósfera nacional sea pasajera. Quizás lo que esa fetidez anuncia es la muerte de un viejo estado de cosas y la elaboración de un mundo nuevo que está próximo a surgir de la descomposición misma de nuestras estructuras sociales. No faltan razones para creer que "no todo está podrido en Dinamarca" y que todavía contamos con grandes reservas de orden moral, suficientes para redimirnos en día no lejano del lodo que ha caído sobre el nombre de la República, cuyo corazón permanece limpio bajo las vestiduras manchadas.

Es, pues, evidente, que la práctica de resolver en secreto los asuntos que incumben más directamente al país, debe cesar en todo cuanto se relacione con el proyecto de vender las empresas confiscadas. El pueblo no debe ser despojado de ese patrimonio sin una discusión abierta en que se examinen, desde todos los ángulos, las ventajas o los inconvenientes de una medida de semejante trascendencia. Para que ese debate se lleve a cabo con propiedad, se requiere, en primer término, que se suministren a la opinión pública informes suficientes sobre la forma en que sus empresas han sido manejadas. Sólo a la luz de esos datos podrá el país decidir cuáles de esos bienes deben ser vendidos y cuales conservados; si entre ellos hay algunos cuya propiedad debe retener el Estado con fines de orden fiscal y otros que sería útil seguir operando como entidades autónomas no obstante su escaso rendimiento, por razones puramente sociales.

Esta controversia pública ofrecería, por otra parte, a nuestra democracia incipiente, la oportunidad de tomar partido sobre una de las materias más apasionantes de la ciencia económica: la de la capacidad o incapacidad del Estado para actuar en el campo industrial y comercial como contratista o como empresario.

DOS TIPOS DE DEMAGOGIA *

* New York, publicado en el periódico "Listín Diario", edición del 8 de abril de 1965.

El Triunvirato, en la lamentable intervención oratoria del 2 de abril, critica acerbamente la reforma tributaria de 1961, pero no aduce ninguna prueba ni hace ningún razonamiento digno de atención para demostrar que la eliminación de los impuestos incluidos en dicha reforma tuvo un efecto desfavorable sobre las recaudaciones nacionales. Contra lo que se insinúa en esa desmedrada pieza triunviral, escrita en necio y plagada de rasgos coléricos impropios de la ecuanimidad que se supone debe inspirar los juicios y ennoblecer la palabra de todo Jefe de Estado, los ingresos del gobierno aumentaron considerablemente en el trienio 1962-1964. Si alguno de los ejercicios fiscales de esos años cerró en rojo, no fue a causa de la supresión del impuesto sobre el café, el tabaco y el cacao, sino a causa de las enormes sumas malgastadas en aventuras burocráticas y al incremento que alcanzaron en ese período las actividades contrabandísticas en todo el territorio dominicano.

Toda la argumentación del Triunvirato se limita a aducir que la reforma a que se alude fue un acto de demagogia irresponsable. Pero he aquí que el propio Triunvirato describe la situación del país en 1961 como un período de depresión económica. Cualquier estudiante de economía sabe que en situaciones de esa especie lo que procede es promover la producción y estimular la iniciativa privada. El medio más efectivo y rápido para lograr ese resultado, consiste en reducir las cargas impositivas que graviten desfavorablemente sobre las fuerzas de la producción, y en atenuar los impuestos sobre los artículos de consumo para aliviar al propio tiempo la situación de las clases necesitadas.

Fue eso precisamente lo que se hizo en 1961 con resultados

verdaderamente óptimos. La supresión de los impuestos sobre el café, el tabaco y el cacao aumentó substancialmente el dividendo nacional en manos de los particulares como lo demuestran las cifras siguientes: en el país había en 1961 ocho mil cultivadores de café, entre los cuales se distribuyó en 1962-1963 un producido en dólares de $ 38,451,525.20, valor total de los 56,438,161 kilos brutos a que ascendió la cosecha de ese período. Una parte considerable de esta suma era retenida, con anterioridad a la reforma de 1961, por el Estado y por el grupo de especuladores que integraban el organismo que se creó para monopolizar la exportación de ese grano. Importa señalar a este respecto que de los ocho mil productores de café que existían en 1961, el 90 %, según las estadísticas de la Dirección de Café y Cacao, adscrita a la Secretaría de Agricultura, estaba formado por propietarios de pequeñas parcelas de menos de 50 tareas. La reforma benefició, pues, enormente, no a la producción latifundista, como en el caso del azúcar, sino al pequeño agricultor y al pequeño terrateniente dominicano.

Idénticos resultados se obtuvieron en el caso del cacao y en el tabaco. La totalidad del ingreso nacional en el sector agrícola ascendió en 1962 a RD$163,000,000, es decir, RD$34,000,000 más que en los años inmediatamente anteriores. Estos números serían aún considerablemente más altos si la producción agrícola no hubiera mermado en 1962, con respecto a 1961, particularmente en lo que se refiere al café y al tabaco y si el 75 por ciento de la producción exportable de ese año no hubiera dejado de beneficiarse del alza de los precios en los mercados mundiales.

Tampoco hubo demagogia, dentro de un sano criterio económico, en la reducción que se hizo en 1961 del tipo de interés de los préstamos hechos por el Banco Agrícola. Si es cierto que esa medida tendía a disminuir los ingresos de dicha institución bancaria, no es menos cierto que ésta se enriqueció gratuitamente con los millones de las cédulas pertenecientes a los personeros de la era anterior que fueron afectados por las leyes sobre confiscaciones.

Toda la obra política y económica del Triunvirato, en cambio, se halla dominada por un prurito demagógico evidente. El objetivo cardinal de esa labor radica en la ambición de retener el poder aun a costa del interés del Estado y hasta a expensas de la propia intangibilidad de la soberanía dominicana. Si el Triunvirato toleró el contrabando, encogiéndose indolentemente de hombros ante un mal que debió eliminarse al principio para que no se transformara en un cáncer difícilmente extirpable, fue evidentemente porque no quiso exponerse a ser derrocado por los personajes originalmente involucrados en esas actividades delictuosas. Fue necesaria la intervención de intereses foráneos para que al fin se adoptaran ciertas medidas que han disminuido, pero no erradicado, ese comercio clandestino, causante no sólo de la ruina de las industrias textiles dominicanas sino también de la profunda ola de inmoralidad que ha dado origen a que en tres años hayan surgido en el país más millonarios que en las largas décadas transcurridas desde la independencia hasta nuestros días.

Obra de demagogia de la peor especie es también la hipertrofia del Presupuesto Nacional para servirse de los cargos públicos, con miras electoreras, en una época que requiere comedimiento y prudencia en el manejo de los fondos presupuestarios.

Como demagogia vulgar tiene que calificarse igualmente el hecho de que se haya incluido, en la Ley de Gastos Públicos, un capítulo de pensiones y jubilaciones casi tan jugoso y espléndido como el de los servidores activos del Estado y de las instituciones autónomas, sólo porque se ha creído beneficiosa esa prodigalidad para utilizarla como instrumento político en un momento en que la situación del país reclama una política de austeridad para impedir la caída de la moneda dominicana.

Por un exceso de demagogia y de ambición de mando ha incurrido el Triunvirato en el grave delito de lesa patria de descuidar los sagrados intereses que tiene bajo su custodia para dedicarse a viajar, de la Ceca a la Meca, a bordo de un helicóptero, con el fin de rodearse de un falso aire de popularidad mientras los problemas del país se abandonan al celo siempre discutible de consejeros y técnicos de nacionalidad extranjera.

Por pura demagogia y por pura avidez de mando no ha tenido inconveniente el Triunvirato en sacrificar, sin el menor escrúpulo patriótico y sin ninguna sensibilidad histórica, la dominicanidad intransigente de que han hecho gala todos nuestros gobernantes, inclusive Trujillo, algunos de los cuales han podido cometer grandes crímenes e incurrir en errores monstruosos, pero cuya fibra patriótica brilló en todas las épocas como oro dominicano de dieciocho kilates. Esa misma veleidad demagógica es la que explica que las puertas del Palacio Nacional hayan sido abiertas, como las de un mercado de valores, a un grupo de mercenarios extranjeros cuya capacidad nadie pone en duda, pero cuya intervención en nuestra política doméstica, determinada por móviles exclusivamente económicos, ha contribuido a dividir más la familia nacional y ha fomentado el frío mercurialismo con que hoy se contempla, desde las altas esferas de la administración pública, la paulatina desintegración del país y la tragedia en que tarde o temprano tendrá que culminar el infortunio dominicano.

He ahí, en síntesis, dos tipos de demagogia: la una, la de 1961, inspirada en un sentimiento de solidaridad con el pueblo humilde, con el agricultor sacrificado por el egoísmo de los especuladores, con el pobre dueño de casa, víctima del egoísmo secular de intereses que se hallan desde hace siglos al servicio de la usura y de la oligarquía; y la otra, la que nació y se expandió con el Triunvirato, que habla y actúa en nombre de un corto número de firmas acaudaladas, y cuya labor desde el Gobierno se reduce a extender sobre el país una ola de concupiscencia y a servir los intereses de quienes se empeñan en desvirtuar el sentido intrínseco de la dominicanidad en la mente de las nuevas generaciones.

LA POLÍTICA IMPOSITIVA
DEL TRIUNVIRATO *

* New York, publicado en el periódico "Listín Diario", edición del 15 de abril de 1965.

En 1962 fue promulgada una ley en virtud de la cual se exoneró a las empresas azucareras de todo impuesto sobre los primeros seiscientos mil quintales de azúcar destinado a la exportación. La promulgación de esa ley coincidió con la época de mayor prosperidad de la caña, cuando el azúcar y las mieles alcanzaron sus más altos precios en el mercado mundial durante los últimos cuarenta y cinco años. Uno de los aspectos más llamativos de esa legislación es el referente a la ausencia, al parecer deliberada, de previsiones específicas sobre la forma en que la exoneración debía ser aplicada cuando una misma firma operara a la vez, aunque con distintos nombres, varias centrales azucareras. Esta medida obedeció, según se dijo entonces, a la conveniencia de que el Estado acudiera en ayuda de las empresas que experimentaban a la sazón dificultades de orden económico causadas entre otros factores, por las restricciones que hasta 1962 se impusieron en el mercado preferencial de los Estados Unidos al azúcar dominicano.

Poco tiempo antes, en las postrimerías de 1961, se habían puesto en vigor otras leyes para exonerar también del impuesto de exportación al café, al cacao y al tabaco. La exoneración se justificaba, en el caso de estos tres productos, por razones de mayor peso que las que hacían recomendable la del azúcar: primero, el café y el cacao se cotizaban en 1961 a precios ruinosos para los productores; segundo, ambos frutos permanecieron sometidos, hasta mediados de 1961, a un régimen monopolístico que mermó durante largos años los ingresos de cosecheros y exportadores; y tercero, las plantaciones de café y cacao se hallaban en aquel momento perdidas o seriamente deterioradas porque el descenso de los precios y el rigor de los impuestos no permitían al productor cubrir los gastos indispensables para el acondicionamiento del área bajo cultivo después de cada cosecha. La eliminación del impuesto que gravaba al café y al cacao era, en consecuencia, una medida impuesta imperiosamente por la necesidad de impedir el colapso de esas industrias netamente dominicanas.

El Triunvirato, en un desafortunado intento por justificar la quiebra a que su demagogia y su incapacidad han conducido al Estado, atribuye a la supresión del impuesto de exportación sobre el café, el cacao y el tabaco, el caos que actualmente impera en las finanzas nacionales. Es fácil demostrar, con precisión matemática, que esa alegación no es sólo necia sino también capciosa.

Las reformas impositivas que se llevaron a cabo en 1961, representaron una merma total de 25,1 millones de pesos en las recaudaciones fiscales. Para compensar esa pérdida aparente, se tomaron dos medidas de sana administración: primero, se especializaron en favor del Estado, para el año de 1962, los beneficios que era lógico suponer que se obtendrían de la explotación por el Fisco del vasto imperio industrial confiscado a la familia Trujillo, y, segundo, el Presupuesto Nacional para 1962, originalmente estimado por Trujillo en 168 millones de pesos, fue reducido a 126,744,235 pesos (véase Gaceta Oficial Núm. 8632, del 31 de diciembre de 1961).

El monto de treinta millones de pesos en que se estimó el ingreso que el Estado debía percibir al posesionarse de las industrias de la familia Trujillo, no era en modo alguno exagerado. Los Estados Unidos habían dado seguridades, tanto por órgano de su Embajada en la capital dominicana como por labios del señor George Mc Ghee, alto funcionario a la sazón del Departamento de Estado, de que el mercado preferencial de este país sería abierto con la mayor generosidad posible al azúcar dominicano tan pronto se levantaran las sanciones impuestas a la República en la Quinta Reunión de Cancilleres. Por otra parte, la tendencia alcista en el mercado mundial auguraba para el país una era de prosperidad en los años de 1962 y 1963, por lo menos. Lo que ha ocurrido con el imperio industrial de los Trujillo, desde que esos monopolios pasaron a la administración del Estado, es algo que no exige explicaciones. El pueblo dominicano, testigo ocular de ese desbarajuste, es el mejor juez del tino y la honradez con que el nuevo elenco oficial ha dirigido o fiscalizado esa fortuna.

Pero aún si se admite que el Gobierno consideró más atinado dedicar esos ingresos a otros fines de interés nacional, es obvio que las reformas tributarias de 1961 no tuvieron la influencia adversa que se les atribuye de mala fe en la actual bancarrota del Estado. En efecto, muchos de los impuestos eliminados en 1961, sea para rescatar de la ruina a los cosecheros de café, tabaco y cacao, o sea para disminuir substancialmente el costo de la vida, fueron algún tiempo después restablecidos con diferentes denominaciones. Basta citar, entre otras, la reforma que en 1962 se hizo a la Ley de Impuesto sobre los Beneficios, y la que llevó a cabo el Triunvirato en agosto de 1964 para ceñirse a las condiciones que el Fondo Monetario Internacional le impuso para la concertación del Stand-by. Existe en el país, desde esa época, una saturación impositiva que no se había registrado con la misma extensión en ningún otro período de la historia dominicana.

Además, las recaudaciones fiscales superaron en 1962, 1963 y 1964 en más de cuarenta millones a las más altas registradas en años anteriores. Las cifras, con su elocuencia aplastante, demuestran, pues, que la merma representada por la reforma impositiva de 1961 no tuvo durante ese período influencia alguna sobre la situación fiscal: tan satisfactorios fueron los ingresos del Estado que el Presupuesto Nacional de 1963, originalmente estimado en RD$167,866,605.00, pudo ser aumentado en ocho millones más en virtud de la Ley Núm. 6195, del 20 de febrero de 1963.

La disminución en los ingresos del Fisco a que dio lugar la reforma de 1961, fue sólo de 25.1 millones, según las propias estadísticas oficiales. Si se prescinde del hecho de que algunos de esos impuestos fueron luego restablecidos, el déficit presupuestario que se atribuye maliciosamente a esa reforma ha debido ascender a un total de 75.3 millones en el trienio 1962, 1963 y 1964. Ahora bien: el Estado Dominicano ha incurrido durante ese lapso en deudas ascendentes a cerca de quinientos millones. ¿Qué efecto tuvo entonces la reforma a que se alude sobre los cuatrocientos millones restantes? La deuda del Estado, incluyendo tanto la pública como la interna, no debía ser mayor de setenta y cinco millones de pesos, si es que toda la responsabilidad de esa catástrofe presupuestaria debe recaer sobre la eliminación de los impuestos de exportación que hasta mediados de 1961 gravitaron sobre el café, el tabaco y el cacao.

Lo que se deduce de los informes publicados por el propio

Gobierno y de las estadísticas de los bancos nacionales y extranjeros, es que en 1962 hubo un incremento en los ingresos fiscales que sobrepasó la suma de RD$33.3 millones, sin incluir los US$14.5 millones que ingresaron en ese año al Fisco en virtud del contrato de préstamo de US$25,000,000.00 suscrito entre la Agencia Internacional de Desarrollo y la República Dominicana (véase el informe de la Dirección del Presupuesto de fecha 31 de agosto de 1962).

La bancarrota del Estado se debe, por tanto, no a la reforma impositiva de 1961, la cual fue, por el contrario, el punto de partida del impulso que la economía nacional cobró en 1962 y en 1963, sino exclusivamente: primero, a la hipertrofia del Presupuesto Nacional que en 1964 se elevó a la extravagante cifra de RD$189,170,550.00; segundo, a la orgía administrativa a que se entregó irresponsablemente el Triunvirato después del derrocamiento del Gobierno constitucional en septiembre de 1963; tercero, al auge del contrabando que mermó y continúa mermando escandalosamente las recaudaciones aduaneras y las del Departamento de Rentas Internas; cuarto, a la pésima política económica del Triunvirato que resquebrajó la moneda nacional y embarcó al país en un vértigo inflacionario de proporciones desmesuradas, y quinto, al descenso de la producción nacional y al mal ejemplo ofrecido por el propio Triunvirato al comercio importador con su política de puertas abiertas a las importaciones de artículos suntuarios.

ÍNDICE

Aparte de algunas faltas de acentuación y de puntuación que el lector salvará sin dificultad, se han advertido los siguientes errores de imprenta:

Pág.	Línea	Donde dice:	Debe decir:
55	19	ni	mi
89	39	que entiende	que se entiende
96	33	inconclusa	inconcusa
160 ·	14	desconsiderablemente	desconsidehuradamente
185	22	estrecheses	estrecheces
186	15	1873	1874
187	4	nacional	nacionales
187	37	ascentismo	ascetismo
201	10	actidades	actividades
266	41	la hecho	ha hecho
274	2	ocación	ocasión
283	16	como	y
284	1	de	del
290	14	detenga	detengan
313	3	destinado	destinados